Werner Wittich

Die Entstehung des Meisterrechts

und die Auflösung der Villikationen in Niedersachsen und Westfalen

Werner Wittich

Die Entstehung des Meisterrechts
und die Auflösung der Villikationen in Niedersachsen und Westfalen

ISBN/EAN: 9783744620246

Hergestellt in Europa, USA, Kanada, Australien, Japan

Cover: Foto ©ninafisch / pixelio.de

Hansebooks GmbH, Trakehner Weg 52, D-22844 Norderstedt

Weitere Bücher finden Sie auf **www.hansebooks.com**

Abhandlungen.

Die Entstehung des Meierrechts und die Auflösung der Villikationen in Niedersachsen und Westfalen.

Dr. W. Wittich.

Das Meierrecht war bis in unser Jahrhundert die wichtigste Form des bäuerlichen Kolonatrechts in Nordwestdeutschland. Am Ende des vorigen Jahrhunderts zur Zeit seiner höchsten Ausbildung und weitesten Verbreitung trug es zwar in den vielen deutschen Staaten, in denen es bestand, keinen ganz gleichartigen Charakter, jedoch lassen die am häufigsten vorkommenden und wesentlichen Merkmale folgende allgemeine Begriffsbestimmung unseres Rechtsinstituts zu: Es war ein erbliches dingliches Recht auf die Nutzung eines im fremden Eigenthum stehenden Bauerngutes mit der Verbindlichkeit zur Entrichtung bestimmter jährlicher Abgaben und Leistungen an den Eigenthümer, an den Staat und häufig an dritte reallastberechtigte Personen[1]. Hierzu kam die Verpflichtung zur periodischen Lösung eines Meierbriefes durch den Meier, also eine Erneuerung des Kontrakts, die vom Eigenthümer oder Grundherrn nicht verweigert werden konnte, und endlich durfte die Nutzung des Gutes in der Regel nur durch Selbstbewirthschaftung bestimmter Art (tüchtige, d. h. dem Durchschnitt bäuerlicher Wirthschaftsführung entsprechende) ausgeübt werden[1]. Dieser letztere unserem Rechtsinstitut wohl von seinem Entstehen an eigenthümliche Zug war, wie wir sehen

---

[1] Vgl. Pfeiffer, Das deutsche Meierrecht nach seiner rechtlichen Begründung und dermaligen Gestaltung, Kassel 1848, S. 51ff. und 62. Busch, Beiträge zum Meierrecht in Hildesheim, Hildesheim 1855, S. 8 und 9.

werden, ihm in gewissen Perioden seiner Entwicklung völlig
abhanden gekommen und war erst durch die polizeistaatliche
Gesetzgebung, welche das Meierrecht wegen seiner grossen öffent-
lichen Bedeutung stark beeinflusste, wieder in den Vordergrund
getreten. Der Dogmatiker des gemeinen deutschen Meierrechts,
Pfeiffer, erblickte in diesem Satz das eigentliche begriffsbestimmende
Merkmal, welches unser Rechtsinstitut von den anderen Formen
des Kolonatrechts scheide und ihm seine eigenthümliche juristische
Natur verleihe[2]. Die folgende Untersuchung wird mancherlei
Anhaltspunkte zur Beurtheilung dieser Ansicht ergeben.

Das Verbreitungsgebiet des Meierrechts im 18. Jahrhundert
erstreckte sich über den weitaus grössten Theil der heutigen
preussischen Provinzen Hannover und Westfalen, ferner über die
kleineren nordwestdeutschen Staaten Oldenburg, Schaumburg-
Lippe, Detmold, Waldeck und Braunschweig-Wolfenbüttel[3]. Im
linkselbischen Theil der Provinz Sachsen (im Herzogthum Magdeburg, im Fürstenthum Halberstadt, in den Grafschaften Wernigerode
und Mansfeld und den früher kursächsischen Gebietstheilen) und
im Herzogthum Anhalt bestand ein dem Meierrecht ursprünglich nahe verwandtes aber später verschieden entwickeltes bäuerliches Besitzrecht unter dem Namen Lassbesitz[4], und in dem
Haupttheile der heutigen Provinz Hessen-Nassau in der Land-
grafschaft Hessen-Kassel war das dem Meierrecht häufig als wesens-
gleich angesehene Landsiedelrecht sehr verbreitet[5].

---

[2] Vgl. Pfeiffer, Meierrecht S. 62, 109—116.

[3] Vgl. Pfeiffer, Meierrecht S. 3 und 4, 10—19. Gesenius, Das Meierrecht mit vorzügl. Hinsicht auf Wolfenbüttel 1803, Bd. II S. 141—191.

[4] Vgl. Pinder, Provinzialrecht der Kgl. Preussischen vormals Kgl. Säch-
sischen Landestheile, mit Ausschluss der Lausitz, 2 Theile, Leipzig 1836,
Bd. II S. 211. Weiske, Quellen des gemeinen sächsischen Rechts 1846, S. 73
(kurf. sächs. Constitutionen von 1572, Const. 40). Urkundenbuch des Klosters
Ilsenburg, bearbeitet von Jacobs, Halle 1875 (Grafschaft Wernigerode),
Geschichtsquellen der Provinz Sachsen, Bd. VII 1 und 2), 2. Hälfte, S. 374.
Lette und v. Roenne, Landeskulturgesetzgebung des preussischen Staates,
1853, I Einl. S. LVII.

[5] Vgl. Gesenius, Meierrecht, Bd. II S. 190. Pfeiffer, Meierrecht S. 21.

Die eigentliche Domäne des Meierrechts war das welfische
Niedersachsen, also die Lande Braunschweig - Lüneburg und
Hildesheim (Kalenberg, Göttingen, Grubenhagen, Bremen, Verden,
Lüneburg, Braunschweig und Hildesheim). Hier hatte es sich am
reinsten und am wenigsten von fremden Einflüssen berührt ent-
wickelt. Das Meierrecht des westfälischen Kreises war durch
häufige Beimischung alter Hörigkeitsverhältnisse getrübt, aus der
Betrachtung seiner Entwickelung lässt sich daher nicht so leicht
ein Verständniss seines Wesens gewinnen[6]. Wie Wigands ver-
dienstvolle Untersuchungen im ersten Drittel dieses Jahrhunderts
beweisen[7], sind die Elemente, aus denen das Meierrecht erwachsen
ist, in Niedersachsen und Westfalen dieselben gewesen. Aber die
Mächtigkeit der älteren Verfassung liess das Meierrecht in Westfalen nur selten zur reinen Entwicklung kommen, es konnte die
alte Verfassung nur durchwachsen und zum Theil mit neuem Inhalt erfüllen, aber es konnte sie nicht formell beseitigen und
sich an ihre Stelle setzen[7]. Wir wollen daher Wesen und Entwicklung des Meierrechts vorwiegend aus der Rechtsgeschichte
des welfischen Niedersachsens erläutern und nur da auf das westfälische Material zurückgreifen, wo dieses über irgend eine Seite
oder ein Entwicklungsmoment unseres Rechtsinstituts ausführlicher
und besser Auskunft giebt als die niedersächsische Ueberlieferung.
Das Meierrecht fast aller Landestheile des welfischen Niedersachsens stimmte im 18. Jahrhundert mit der oben gegebenen
Definition in allen Punkten überein, nur im Fürstenthum Göttingen war das Verhältniss nicht erblich, es wurde hier nur auf
kurze Perioden von 3, 6, 9 oder 12 Jahre begründet. Nach Ablauf dieser Zeit hatte der Meier kein Recht mehr am Gut,
er konnte den Eigenthümer in keiner Weise zur Erneuerung des

---

[6] Vgl. Pfeiffer, Meierrecht S. 45 ff., 174 ff., 177. Vgl. die sachkundigen
Bemerkungen bei Strube, Rechtliche Bedenken, Bd. IV No. 90.
[7] Vgl. Wigand, Provinzialrechte der Fürstentümer Paderborn und Corvey
1832, Bd. II S. 185 ff., 246 ff., 259 ff., 283 ff. bis 301, 303—306.

Kontrakts zwingen. Die Rechtsanschauung des vorigen Jahrhunderts erklärte diese Meier für Zeitpächter[8].

Gegenstand des Meierverhältnisses war in ganz Niedersachsen ein vollständiges grösseres oder kleineres Bauerngut. Das grössere hiess Meier- oder Ackerhof, das kleinere Kötherei oder Kothe. Ein solches Bauerngut, einerlei ob Meierhof oder Kötherei, bestand aus dem Hausplatz (area) im Dorf, den Gärten am Haus (Wurten, Worden), dem Ackerland auf der Flur und den Nutzungsberechtigungen an gemeinem Wald und gemeiner Weide (Acht- oder Echtwort). Meier(Acker)hof und Kötherei unterschieden sich dadurch von einander, dass das Ackerland des Meier(Acker)hofes einen nach Lage und Umfang genau bestimmten Theil der Feldflur, eine Hufe oder deren Vielfaches bildete, während die Kötherei zwar auch Ackerland auf der Flur, nicht aber einen als Hufe bekannten Komplex von Ackerstücken daselbst besass. Die Hufe war meist 30 Morgen gross. Die meisten Meierhöfe (Ackerhöfe) hatten mehr als eine Hufe Ackerland. Je nachdem ein Meierhof 1, 2, 3, 4 Hufen besass, hiess er Viertel-, Halb-, Dreiviertel- oder Voll-Meierhof. Die Kötherei hatte in der grossen Mehrzahl der Fälle weniger als 30 Morgen Ackerland, sie war also ein kleiner Hof. Jedoch unterschied sie sich vom Meierhof nicht nur quantitativ, sondern in erster Linie organisch, ihr Ackerland war der Flurverfassung nicht als Hufe bekannt, sondern als unbenannter Komplex einzelner Ackerstücke. Es konnte daher auch Köthereien geben, die grösser waren als kleine Meierhöfe. Sie wurden deshalb noch lange nicht zu Meierhöfen, ebensowenig wie ein grosses Bauerngut durch seine Grösse zum Rittergut wird. Der Unterschied zwischen Meierhof und Kötherei war in der Flurverfassung Niedersachsens begründet, der Kötherei fehlte die Hufe[9].

---

[8] Vgl. v. Ramdohr, Juristische Erfahrungen, Hannover 1810, Bd. III S. 29 ff. Gesenius, Meierrecht, Bd. II S. 141—191, bes. S. 149—152.

[9] Vgl. Stüve, Wesen und Verfassung der Landgemeinden und des ländlichen Grundbesitzes in Westfalen und Niedersachsen, Jena 1851, S. 36—48

Gegenstand des Meierverhältnisses war also ein Meierhof oder eine Kötherei im oben angegebenen Sinn, ein grosses oder kleines Bauerngut, aber in der grossen Mehrzahl der Fälle nur der Grund und Boden ohne die darauf stehenden Gebäude. Das Haus auf dem Meierhof gehörte fast überall in Niedersachsen dem Meier, er hatte es entweder als Allod von seinem Vorgänger geerbt, oder selbst gebaut oder aber, wenn er selbst mit dem Gut bemeiert worden war, vom früheren Meier gekauft[10]. Nur in Göttingen wurden dem unerblichen Meier auf die Dauer seiner Meierschaft auch die Gebäude vermeiert, nur hier hatte er gleiches Recht an Haus und Hof[10].

Im welfischen Niedersachsen war im 18. Jahrhundert die weitaus grösste Masse aller Bauernhöfe zu Meierrecht ausgethan. Freie Eigenthümer ihrer Bauernhöfe waren nur die Bauern der bremischen und lüneburgischen Marschen, deren Vorfahren dies Land dem Meere abgewonnen hatten, und ferner ein Theil der Bauern in Göttingen und Grubenhagen und zwar hier vorwiegend die Köther[11].

Nach diesen unbedingt nöthigen Vorbemerkungen über das im 18. Jahrhundert Bestehende betrachten wir das mittelalterliche Meierrecht in der Form, in welcher es uns zuerst aus den Urkunden Niedersachsens entgegen tritt.

Die niedersächsischen Urkunden erwähnen Meier, d. h. Bauern, die ein Gut zu Meierrecht besitzen und bewirthschaften, erst seit dem Ende des 12. Jahrhunderts[12]. Der lateinische Ausdruck für

Wittich, Ländliche Verfassung Niedersachsens und Organisation des Amtes im 18. Jahrhundert (Dissertation), Darmstadt 1891, S. 44, 75.
[10] Vgl. v. Ramdohr, Juristische Erfahrungen, Bd. III S. 34 und 46. Wigand, Provinzialrecht von Paderborn, Bd. I S. 154. Ueber Göttingen vgl. Stüve, Lasten des Grundeigenthums in Hannover, Hannover 1830, S. 120. v. Ramdohr a. a. O.
[11] Vgl. Stüve, Lasten des Grundeigenthums S. 119 und 135 ff. Wittich, Ländliche Verfassung S. 55 und 59.
[12] Vgl. die hildesheimischen Urkunden von 1183 und 1184 bei Lüntzel, Bäuerliche Lasten im Fürstenthum Hildesheim 1830, S. 104, 120, 124. Sie sind soweit mir bekannt die ersten, welche unzweifelhaft von dem Meier-

Meier ist Villicus, seltener colonus. Zwar kommen villici und coloni schon in älteren niedersächsischen Urkunden vor, aber das Wort villicus bedeutet dann immer Verwalter oder Vorsteher einer villicatio, eines sog. Fronhofs, es bezeichnet einen Beamten bezw. ein Beamtenverhältniss, nicht aber einen Bauer, der ein eigenes Nutzungsrecht an einem fremden Gute ausübt, es wird also ein anderer juristischer Begriff mit diesem Wort verbunden, der uns vorläufig nicht beschäftigt[13].

Das Wort colonus in älteren Urkunden kann allerdings auf Meier gedeutet werden, aber bei der Allgemeinheit gerade dieser Bezeichnung[14] scheint es mir gewagt, aus ihrem frühen Vorkommen auf ein höheres Alter des Meierrechts zu schliessen, zumal der Name villicus selbst in dieser Zeit noch eine andere Bedeutung hat.

Wirklich greifbare Gestalt als genau abgegrenztes und bestimmtes eigenes Recht auf die Nutzung einer fremden Sache gewinnt das Meierrecht am Ausgang des 12. Jahrhunderts. Nur in wenigen Punkten sich verändernd, besteht es alsdann zwei Jahrhunderte etwa bis zum Ende des 14. Jahrhunderts. Von dieser Zeit an zeigen sich deutliche Spuren einer Weiterentwicklung. Werfen wir also zunächst einen Blick auf das Meierrecht in seiner ältesten Gestalt im 13. und 14. Jahrhundert.

---

verhältniss in unserem Sinn sprechen: Lüntzel scheint das Meierverhältniss für älter zu halten (vgl. Geschichte der Diöcese und Stadt Hildesheim 1858, Bd. I S. 294). Urkunden, welche ein höheres Alter des Meierrechts beweisen, führt er nicht an.

[13] Vgl. die bei Strube, De iure villicorum 1768, Kap. I, § 1 bis 6 angeführten Urkunden; ferner Lüntzel, Lasten S. 112 ff. und die Urkunde dd. 1103, S. 254.

[14] Bei der von Lüntzel, Lasten S. 257 angefürten Urkunde dd. 1145 bedeutet colonus offenbar höriger Bauer. Anderwärts (z. B. bei Gesenius, Meierrecht, Bd. I S. 292 und 293) mögen freie aber grundherrlich abhängige Bauern gemeint sein; ob sie aber im Meierverhältniss und nicht in der damals schon vorkommenden Erbpacht standen, darüber wissen wir nichts. Sicher werden freie Kolonen vor dem Ende des 12. Jahrhunderts unendlich viel seltener als Hörige (litones) in den niedersächsischen Urkunden erwähnt.

Das Meierrecht dieser Epoche war eine reine Zeitpacht.
Man ging das Verhältniss meist nur auf kurze Pachtperioden von
3 oder 6 oder 9 oder 12 Jahren, also auf eine oder mehrere Um-
triebszeiten der Dreifelderwirthschaft ein [15]. Andere Festsetzungen
der Pachtzeit kamen zwar auch vor, waren aber nicht häufig.
Nach Ablauf der kontraktlich festgesetzten Zeit endigte ipso iure
jedes Recht des Meiers auf die Nutzung des Gutes. Vermeie-
rungen ohne Zeitbestimmung werden in den überlieferten Kon-
trakten höchst selten erwähnt [16]. Ob es schriftlich nicht fixirte
und uns deshalb unbekannt gebliebene Meierkontrakte gegeben
hat, weiss ich nicht. Will man sie, was sich eventuell ver-
theidigen lässt [17], annehmen, so könnten gerade bei ihnen Ver-
meierungen auf unbestimmte Zeit üblich gewesen sein. Beide,
sowohl Meier wie Eigenthümer, hatten ein gegenseitiges Kündigungsrecht [18]. Eigentliche Kündigungsfristen bestanden hierbei
nicht, jedoch durfte die Kündigung nur zu bestimmter Zeit des
Jahres z. B. nach bremischem Recht in den heiligen 12 Nächten

---

[15] Harenberg, Historia Gandersheimensis ecclesiae diplomatica 1734,
S. 827 (dd. 1337 auf 6 Jahre), S. 812 (dd. 1324 auf 3 Jahre), S. 389 (dd.
1412 auf 3 Jahre), S. 810 (dd. 1321 auf 6 Jahre), S. 829 (dd. 1342 auf 9
Jahre, S. 812 (dd. 1323 auf 7 Jahre). Vgl. auch Lüntzel, Lasten S. 125 und
126. Scheidt, Vom Adel 1754, Mantissa S. 485 Anm. (dd. 1339 auf 3 Jahre).
Auf Lebenszeit oder auf das Leben mehrerer Personen, Urk.-Buch der Stadt
und des Stifts Hameln 1887, No. 134 (dd. 1300). Lüntzel, Lasten S. 126 (dd.
1256) und S. 260 (1340). Vgl. Gesenius, Meierrecht, Bd. II S. 229, Anm.
1—9 und S. 230, Anm. 1—6, Bd. I S. 410.

[16] Die von Lüntzel, Lasten S. 126 und 127 als Meierverhältnisse auf
unbestimmte Zeit bezeichneten Kontrakte sind zum Theil (dd. 1202 und 1419)
ausnahmsweis früh vorkommende Erbvermeierungen, die wahrscheinlich wegen
schwieriger Bestellung oder gar Neuordnung des Landes eingegangen wurden.
Der dritte Vertrag von 1256 ist wahrscheinlich eine Vermeierung auf 2 Leiber.

[17] Vgl. Gesenius, Meierrecht, Bd. II S. 194.

[18] Vgl. die Bestimmungen des Witzenmühlenrechts bei Grimm, Weisthümer, Bd. III S. 432. Strube, de iure villicorum S. 298. Gesenius, Meierrecht I S. 372 ff. und 385, 408. Lüntzel, Lasten S. 124. Oelrichs, Vollständige Sammlung alter und neuer Gesetze der Stadt Bremen 1771, S. 578
und 623 ff.

(von Weihnachten bis 6. Januar) stattfinden [19]. Dies Kündigungsrecht lässt jedoch nicht unbedingt auf die Häufigkeit der Meierkontrakte ohne Zeitbestimmung schliessen, denn es konnte höchstwahrscheinlich während der vertragsmässig laufenden Meierzeit
ausgeübt werden [20]. Die Leistung des Meiers für die Nutzung
des Gutes bestand in der Regel in Früchten, also Getreide, sehr
selten in Geld [21]. Die Höhe des Zinses war im Allgemeinen sehr
bedeutend, häufig wurde eine Quote des Ertrags und zwar ein
Drittel als Pacht bezahlt [21]. Weinkäufe werden erwähnt, scheinen
aber nicht häufig gewesen zu sein [22]. Bei Unglücksfällen,
Kriegsnoth, Hagelschlag und Mäusefrass erhielt der Meier
Remission des Pachtzinses [23]. Die Baulast auf dem Gut lag
dem Meier ob. In der Regel errichtete er die Gebäude auf

---

[19] Vgl. Oelrichs a. a. O. S. 578. Kalenberger, Urk.-Buch, ed. Hodenberg
Abt. IX No. 58. Gesenius, Meierrecht I S. 409.

[20] Vgl. die Stellen, welche Kündigung zu jeder Zeit als Charakteristikum
des Meierverhältnisses hervorheben: Glosse zum Sächsischen Landrecht, Lib. 3
Art. 45, § 7. Das sind Hoff-Leute oder Meyer . . . . . Diese mag man jederzeit wieder davon weisen etc. Ferner Codex diplomaticus zu v. Moser, Einleitung in das Braunschweig-Lüneburgische Staatsrecht 1759, S. 697, Urk.
dd. 1327. Strube, De iure villic. S. 45. Vgl. auch Glosse zum Sächs. Lehnrecht, Kap. 60, bei Kraut, Grundriss zu Vorlesungen über deutsches Privatrecht 1872, S. 451 No. 19. Ir Geding steht, dieweil einer dem andern nicht
aufsagt. Die Leinebergische Hofgerichtsordnung (dd. 1529, § 40) setzt eine
Polizeistrafe auf Abmeierung vor Ausgang der Meierzeit (gedingte Jahre).
Die Vertreibung scheint also früher privatrechtlich erlaubt gewesen zu sein.
Vgl. Grupe, Disceptationes forenses cum observationibus 1737, S. 834.

[21] Vgl. die unter Note 15 angeführten Meierkontrakte, ferner Lüntzel,
Lasten S. 117 ff, 120, 260 ff. (Urk. von 1340). Grimm, Weisthümer, Bd. IV
S. 685 ff. Grupe, Disceptationes forenses 1737, S. 1054. Harenberg, Historia
Ganderheimensis S. 882 ff.

[22] Weinkauf im ältesten Meierrecht: Vgl. Lüntzel, Geschichte der
Diöcese und Stadt Hildesheim I S. 106.

[23] Vgl. Gesenius, Meierrecht I 389, II S. 90. Zeitschrift des historischen Vereins für Niedersachsen 1861, S. 174 (Wülfinghäuser Regesten
No. 189). Im Allgemeinen finden sich Remissionsbestimmungen nicht häufig,
wahrscheinlich, weil gewöhnlich eine Quote des Ertrags in natura als Zins
gegeben wurde.

dem Hof selbst oder kaufte sie von seinem Vorgänger[24] bezw.
dem Grundherrn, sie waren also schon damals wie im 18. Jahrhundert sein Eigenthum. Wurde ihm auch das Haus auf dem
Hof mit vermeiert[25], so trug er alle Reparaturen und etwa
nothwendig werdenden Neubauten während seiner Meierzeit. Da
er bei Erlöschen des Verhältnisses für alle diese Verwendungen
entschädigt werden musste, so bestimmten in der Regel schon die
Meierkontrakte, wie viel Geld er auf dem Gut verbauen könne.
oder aber die Eigenthümer behielten sich kontraktlich vor, dass
kein Bau ohne ihre ausdrückliche Bewilligung aufgeführt werden
dürfe[26]. Der Bauer erhielt das Gut in der Regel mit der Wintersaat bestellt, er musste es dann mit besätem Winterfeld zurück-
lassen[27]. Der Mist auf dem Hof und im Land (die sog. Besserung oder gail und gare) war ebenfalls Eigenthum des Meiers.
Beim Abzug vom Gut verkaufte er den Mist an den Eigenthümer
oder nahm ihn mit, für die Düngung des Landes erhielt er eine
Abfindung[28]. Das übrige Inventar des Meiergutes war natürlich immer Eigenthum des Meiers.

War der Meier mit Entrichtung des Zinses säumig, so konnte
ihn der Eigenthümer pfänden und ausserdem vom Hof ent-

---

[24] Vgl. Lüntzel, Lasten, Anm. auf S. 128. Die eigenen Stellen beweisen
gegen seine Annahme, desgl. die Urkunde dd. 1340 auf S. 262, desgl. S. 269.
Desgl. Oelrichs, Vollständige Sammlung etc. 1771, S. 623 ff. Grimm, Weisthümer, Bd. III S. 312 ff. (Urtheile zu Vehlen). Gandersheimer Landtagsabschied, dd. 1601 No. 24 (in Codex Constitutionum Calenbergicarum, Göttingen 1740, Kap. VIII S. 28).
[25] Vgl. z. B. Zeitschrift des hist. Vereins f. N.-S. 1861, S. 169 No. 168
der Wülfinghäuser Regesten.
[26] Vgl. Harenberg, Historia Gandersheimensis S. 827. Strube, de iure
villicorum S. 44. Gesenius, Meierrecht II S. 90 und 91.
[27] Vgl. Harenberg a. a. O., Zeitschrift des hist. Vereins f. N.-S. 1861
a. a. O. In der Regel kaufte der Meier die Wintersaat ebenso wie das Haus.
In diesem Fall erhielt er beim Abzug den Werth derselben zurückerstattet.
Vgl. Urkundenbuch des Klosters Stoetterlingenburg, ed. v. Schmidt-Phisel-
deck, Halle 1874, S. 121 (No. 168 dd. 1401) und Harenberg a. a. O.
[28] Vgl. Grimm, Weisthümer, Bd. III S. 232 und 312 ff. Lüntzel,
Lasten S. 269 und 270.

fernen[29]. Hatte die Meierschaft aus diesem Grunde durch Kündigung oder durch Ablauf der kontraktsmässig festgesetzten Zeit ihr Ende erreicht, so setzten sich Meier und Eigenthümer nach den kontraktsmässigen Bestimmungen oder nach allgemeinen durch das Gewohnheitsrecht der Gegend gegebenen Grundsätzen auseinander. Fast alle Lokalrechte Niedersachsens hatten über Entschädigung des Meiers für Bau und Besserung solche Grundsätze ausgebildet, die im ganzen nur wenig von einander abwichen[30].

Konnten sie über die Höhe der Abfindung nicht einig werden, so entschieden die Vertreter beider Parteien oder Gemeindegenossen des Meiers als Schiedsrichter, Bau und Besserung wurden nach der bure Kore abgeschätzt. Nur im Stift Bremen wurde im Jahr 1351 eine „Wardirung" durch 4 Genossen des Landherrn (Eigenthümers) ohne Zuziehung der Meier angeordnet[31].

Soviel einstweilen von der ältesten Form des Meierrechts im 13. und 14. Jahrhundert. Natürlich geben die spärlichen Urkunden kein lückenloses Bild des ganzen Rechtsinstituts, aber in seinen charakteristischen Zügen stellen sie es uns klar vor Augen: Das alte Meierrecht war ein vertragsmässiges Verhältniss. Der Vertrag gab dem Meier das Recht auf Früchteziehung vom Gut, also auf Nutzung desselben durch landwirthschaftlichen Bau, dem Eigenthümer dagegen das Recht auf den Preis für die Ueberlassung der Nutzung auf den Fruchtzins. Die Dauer dieses

---

[29] Betr. Pfändung vgl. Oelrichs a. a. O. S. 627. Jacobi, Lüneburgische Landtagsabschiede, Bd. I S. 140. Gesenius, Meierrecht I S. 412. Wer den Zins nicht zahlte meierte sich selbstverständlich selbst ab: Vgl. Urk.-Buch des Kb. St. Michael in Lüneburg No. 1115. Gesenius, Meierrecht I S. 409. Grimm, Weisthümer, Bd. III S. 232, S. 312 ff.

[30] Vgl. Lüntzel, Lasten S. 128, Anm. 1 und S. 260. Grimm, Weisthümer, Bd. III S. 232. Oelrichs, Vollst. Sammlung etc. S. 623 ff. Strube, De iure villicorum S. 44. Gesenius, Meierrecht II S. 169.

[31] Urk.-Buch St. Michael No. 1115. Gesenius, Meierrecht I 372. Aehnliches Verfahren wie bei der Abfindung von Litonen. Lüntzel, Geschichte der Diöcese und Stadt Hildesheim 1858, II S. 212. Vgl. Oelrichs, Vollständige Sammlung S. 623 ff.

Vertrags wurde nach dem Willen beider Parteien in der Regel nur auf wenige Jahre bemessen, ausserdem hatten beide Theile auch vor Ablauf der Meierzeit zu bestimmter Zeit im Jahr ein gegenseitiges Kündigungsrecht. Weitere Anhaltspunkte zur Beurtheilung des privatrechtlichen Inhalts unseres Rechtsinstituts werden spätere Betrachtungen ergeben.

Aber es erhebt sich jetzt vor allem die Frage: War das Meierrecht Hofrecht, Lehnrecht oder Landrecht, und damit im engsten Zusammenhang stehend die weitere, welchem Stand gehörte der Meier an?

Zunächst ist festzustellen, dass die Mehrzahl der aus dem 13. und 14. Jahrhundert stammenden Meierbriefe als Meier Ritter, Stadtbürger oder gar Herren; als Eigenthümer geistliche Korporationen aufführen. Nur die kleinere Zahl der schriftlich erhaltenen Meierkontrakte bestand zwischen Bauern im sozialen Sinn als den Meiern, und Rittern oder corpora pia als Grundherren [32]. Diese statistische Wahrnehmung beweist natürlich nicht im geringsten, dass der Meierkontrakt ein Rechtsgeschäft vorwiegend höherer Stände gewesen ist. Denn einerseits waren die Chancen für die Erhaltung zahlreicherer Meierbriefe zwischen Standespersonen schon rein äusserlicher Umstände halber günstiger, andererseits ist ja immerhin möglich, dass Meierkontrakte für bäuerliche Meier nicht schriftlich abgefasst wurden. Ausserdem aber lässt sich nach dem ganzen Inhalt unseres Instituts nicht bezweifeln, und zahlreiche Urkunden beweisen es positiv [33], dass das Meierrecht in der Zeit seines ersten Auftretens als klar entwickeltes Rechtsinstitut in erster Linie das Besitzrecht der

---

[32] Vgl. die Kontrahenten bei den bisher angeführten Urkunden und ferner Lüntzel, Geschichte der Stadt und Diöcese Hildesheim, Bd. II S. 152 (dd. 1207 zw. 2 Klöstern). Ferner derselbe, Die ältere Diöcese Hildesheim 1837, S. 93 (Bischöfe von Hildesheim als Meier, Kl. St. Michael zu Hildesheim als Eigenthümer).

[33] Vgl. Oelrichs a. a. O. Grimm, Weisthümer III S. 232, IV 685. Lüntzel, Lasten S. 120, 104. Stüve, Landgemeinde S. 41. — Vgl. die Quellenstellen bei Strube, de iure villicorum S. 20 und 21.

selbst Landwirthschaft treibenden Menschenklasse, m. a. W. der
Bauern gewesen ist. Also der Meier war sozial und wirthschaftlich in der Regel ein Bauer, jedoch finden wir Vertreter aller
anderen Berufsstände, die sozial und rechtlich ausserhalb des
Bauernstandes standen, Ritter, Stadtbürger, Geistliche, ausnahms-
weise sogar Fürsten im Meierverhältniss. Diese Wahrnehmung
erleichtert uns die Beantwortung der Frage, welchem der drei
grossen Rechtskreise des Mittelalters gehörte das Meierrecht an?
Ein hofrechtliches Besitzrecht war es nicht, denn abgesehen von
dem Fehlen jeder die Freiheit des Beliehenen beschränkenden
Bestimmung hätten Edle, Fürsten oder geistliche Korporationen
sonst unmöglich persönlich Güter zu Meierrecht empfangen
können. — Für Annahme eines lehnrechtlichen Verhältnisses giebt
der Inhalt unseres Instituts nicht den geringsten Anhaltspunkt,
ausserdem bringen es einige Urkunden in bewussten Gegensatz
zum Lehnrecht und warnen ausdrücklich davor, lehnrechtliche
Grundsätze auf das Meierrecht anzuwenden[34]. Es bleibt uns
also nur übrig, das Meierrecht für ein landrechtliches Besitzverhältniss zu erklären. Hiermit stimmt auch überein, dass in
keinem hofrechtlichen Weisthum (den sog. Meierdingsprotokollen)
Niedersachsens meierrechtliche Bestimmungen sich finden oder
gar meierrechtliche Streitigkeiten entschieden werden: das Gericht
in Meierrechtssachen bildete das Gohgericht, das wichtigste öffent-
liche Gericht Niedersachsens im Mittelalter. Die Gohgerichts-
weisungen enthalten meierrechtliche Sätze in Hülle und Fülle:
Als wichtigste Beispiele erwähne ich nur die Findungen in dem
Gohgericht auf dem Klingenberg vor Hildesheim über die Entrichtung des Meierzinses aus den Jahren 1430 und 1479; ferner die
Urtheile des Gohgerichts zu Vehlen in der Nähe von Bückeburg;
das Witzmühlenrecht, welches als das Landrecht der 12 cellischen
Amtsvogteien der früheren Gohgerichte gilt und das älteste
Meierrecht des Fürstenthums Lüneburg enthält; im Herzogthum

---

[34] Vgl. Kalenberger, Urk.-Buch, Abt. IX No. 41. Lüntzel, Lasten S. 266.

Bremen endlich das Gutsherrnrecht in den vier Gohen der Stadt Bremen[35].

Auch die Landgerichte auf dem Leineberg bei Göttingen und im Amt Hoya fällten Urtheile in Streitigkeiten zwischen Grundherren und Meiern[36]. Schliesslich wurde auch Meierrecht durch die im Mittelalter beliebten Schiedsgerichte gefunden, die von den Parteien zur Entscheidung des einzelnen Falles gewählt wurden[37].

Aus dem Gesagten ergiebt sich mit Sicherheit, dass das Meierrecht ein völlig landrechtliches Besitzrecht war.

Der Meier war also ein Bauer, der auf dem Boden völliger Gleichberechtigung mit dem Eigenthümer einen Vertrag über die zeitweise Nutzung von Land einging. Gegenseitige aus diesem Vertrag hervorgehende Ansprüche konnten gerichtlich nur im öffentlichen Gericht bzw. in dem von beiden Parteien frei gewählten Schiedsgericht geltend gemacht werden: Der Meier stand also in Hinsicht seines Besitzrechts genau so im Landrecht wie der freie Eigenthümer. Jeder Kenner des deutschen Rechts im Mittelalter wird zugeben, dass ein solches Besitzrecht sich unmöglich hätte bilden, oder nach seiner Entstehung unmöglich in dieser Form hätte bestehen und sich fortentwickeln können, wenn die Meier und zwar insbesondere die bäuerlichen Meier Hörige von ihrem Grundherrn oder sonst von einem Menschen persönliche abhängige Bauern gewesen wären. — Nehmen wir also auf Grund dieser Ueberlegung, v o r l ä u f i g an, dass die Meier Niedersachsens im 13. Jahrhundert freie Bauern und zwar freie Zeitpächter gewesen sind.

---

[35] Vgl. Grimm, Weisthümer, Bd. III S. 231 ff., 312 ff., IV S. 685 ff. Vgl. über das Witzmühlenrecht: Stüve, Untersuchungen über die Gohgerichte in Niedersachsen und Westfalen, Jena 1870, S. 21. v. Pufendorf, observationes iuris universi, Bd. IV, Appendix. No. 1.

[36] Vgl. Grupen, Disceptationes forenses S. 839, 843. Ferner Hoyaer, Protokolle, herausgegeben von Oppermann in der Zeitschrift für deutsches Recht (Reyscher und Wilda), Bd. XI, Heft 2 S. 56 ff.

[37] Vgl. Lüntzel, Lasten S. 264 ff. (Urkunde dd. 1360).

In dieser Eigenschaft werden in den Urkunden des 12. und 13. Jahrhunderts die villici oder coloni den vermöge des grundherrlichen Verhältnisses persönlich abhängigen (hörigen) Litonen oder Laten gegenübergestellt [38].

Die Annahme, dass die Meier Niedersachsens im Mittelalter freie Zeitpächter waren, ist nicht neu. Schon im vorigen Jahrhundert hat Grupe in seinen Disceptationes forenses diese Behauptung aufgestellt und nach ihm haben Lüntzel und Stüve seine Ansicht aufgenommen und mit weiteren Beweisgründen unterstützt [39].

Diese Meier scheinen schon im 13. Jahrhundert einen beträchtlichen Bestandtheil der bäuerlichen Bevölkerung Niedersachsens gebildet zu haben. In welchem Verhältniss der Bauernstand des welfischen Niedersachsens zu Beginn des 13. Jahrhunderts kurz nach dem ersten urkundlichen Auftreten des Meierrechts aus freien Meiern und Laten gemischt war, lässt sich mit Sicherheit nicht angeben: Vermuthlich überwogen die Laten noch an Zahl, aber die Meier bildeten neben ihnen die weitaus zahlreichste Klasse des Bauernstandes, freie Eigenthümer und freie Erbzinsleute traten den beiden Hauptklassen gegenüber gänzlich zurück, nur in den Kolonisationsgebieten der Marschen und in einzelnen kleinen Landschaften des Binnenlandes lassen sie sich in grösserer Menge nachweisen [40].

---

[38] Vgl. Lüntzel, Lasten S. 92, 93 (dd. 1178), 97, 98 (dd. 1188), 104 (dd. 1183), 120 (dd. 1184), 80 und 81 (dd. 1288).

[39] Vgl. Grupe, Disceptationes forenses S. 1040 ff., bes. S. 1046, 1052 und 1070—1072. Lüntzel, Aeltere Diöcese Hildesheim 1837, S. 67 und 68. Derselbe, Lasten S. 119 ff., Geschichte der Diöcese und Stadt Hildesheim 1858, Bd. II S. 105 ff. Stüve, Lasten des Grundeigenthums S. 39—44, 186 ff. und S. 190.

[40] Vgl. Lüntzel, Geschichte der Stadt und Diöcese Hildesheim 1858, II S. 105 und 106. Stüve, Lasten S. 41 ff., derselbe, Landgemeinden S. 37 ff. Ueber die Verbreitung von Erbzinsrecht und freiem Eigenthum, welche im 18. Jahrhundert fast genau dieselbe wie im Mittelalter war, vgl. Wittich, Ländliche Verfassung Niedersachsens etc. S. 9. Ueber freies Erbzinsrecht vgl. Lüntzel a. a. O., Bd. I S. 395—398, ferner über freies Eigenthum Stüve, Lasten

Treten wir jetzt ausgerüstet mit der aus Urkunden und Schriften der kundigen Lokalhistoriker geschöpften Kenntniss des Meierrechts und des Standes der Meier im 13. und 14. Jahrhundert an die Untersuchung des Sachsenspiegels, des wichtigen mittelalterlichen Rechtsdenkmals Niedersachsens, und sehen wir, welche Ausbeute sächsisches Land- und Lehnrecht und ihre Erläuterungsschriften, also die Glossen und die Richtsteige zu beiden Rechtsbüchern für die Erkenntniss unseres Rechtsinstituts gewähren.

Als Entstehungszeit des sächsischen Land- und Lehnrechts gilt der Anfang des 13. Jahrhunderts, die Glossen und die Richtsteige zu beiden Rechtsbüchern sind im Laufe des 14. Jahrhunderts entstanden [41]. Die Heimath ihrer Verfasser liegt ausserhalb des welfischen Niedersachsens. Eyke von Repkow, der Verfasser des sächsischen Land- und Lehnrechts, lebte an der äussersten Südostgrenze Niedersachsens in der Gegend der Einmündung der Saale in die Elbe im heutigen Herzogthum Anhalt [42]. Johann von Buch, der Verfasser der Glosse und des Richtsteigs Landrechts, lebte in der Altmark [42]; in derselben Gegend wurde der Richtsteig Lehnrechts von einem unbekannten Verfasser geschrieben [43]. Die Glosse Lehnrechts dagegen entstand in der zweiten Hälfte des 14. Jahrhunderts in Obersachsen. Ihr Verfasser ist nicht bekannt [43]. Also die Autoren der Rechtsbücher

S. 128. Lüntzel, Lasten S. 33, 47. v. Schwind: Zur Entstehungsgeschichte der freien Erbleihen in den Rheingegenden und den norddeutschen Kolonisationsgebieten. Breslau 1891 S. 123 ff.

[41] Vgl. Homeyer, Des Sachsenspiegels erster Theil oder das sächsische Landrecht, 3. Auflage, Berlin 1861, S. 10 ff. und 32 (wird citirt als Homeyer, Ssp. Bd. I). Ferner Homeyer, Des Sachsenspiegels zweiter Theil nebst den verwandten Rechtsbüchern, Berlin 1842, S. 45 ff. (citirt als Homeyer, Ssp. Bd. II 1 und 2) und S. 386. Schröder, Deutsche Rechtsgeschichte S. 625. Homeyer, Richtsteig Landrechts 1857, S. 41 ff.

[42] Vgl. Homeyer, Ssp. Bd. I S. 5 ff., 14, 32. Derselbe, Richtsteig Landrechts 1857, S. 28 ff.

[43] Vgl. Homeyer, Ssp. Bd. II 1, S. 386, 395 und 396. Ueber die Glosse Lehnrechts vgl. Homeyer, Ssp. Bd. II 1, S. 395, 71, 79 und Schroeder, Rechtsgeschichte S. 625.

waren keine welfischen Niedersachsen, ihre Werke sind nicht a priori
als Erkenntnissquellen für ein eventuell partikulares Rechtsinstitut
anzusehen.

Der Sachsenspiegel, also sächsisches Land- und Lehnrecht,
das Werk Eykes von Repkow, erwähnt nirgends Meier oder Meierrecht. Wir können daher vorläufig mit seinen Angaben über
verschiedene Besitzrechte nichts anfangen.

Die beiden Glossen, besonders die Landrechtsglosse und an
je einer Stelle auch der Richtsteig Lehnrechts und der Richtsteig
Landrechts, erwähnen dagegen ausdrücklich den Meier und sein
Besitzrecht[44]. Hinsichtlich der juristischen Natur des Meierrechts
kommen alle Stellen darin überein, dass es eine Zeitpacht sei[44].

Die Glosse zum Ld.-R. III. 45 sagt: Hoffleut und Meyer,
welchen man ein Gut austhut, sind auf dem Gut gleich als Geste,
kommen darauf und ziehen wieder davon nach der Erbherrn
Willen und Geheiss[45]. Der Meier ist nach Richtsteig Lehn-R. 31
§ 2 ein „slicht mitlink“, der sich nach Richtsteig Ld.-R. 21. § 3
von seiten der Gläubiger des Eigenthümers die Pfändung bis zur
Höhe seines Pachtzinses gefallen lassen muss. — Es ist demnach
sicher, dass in den Erläuterungsschriften zum Sachsenspiegel ein
Besitzrecht erwähnt wird, welches sowohl dem Namen wie auch
dem erheblichen Rechtsinhalt nach durchaus mit dem welfisch-
niedersächsischen Meierrecht identisch ist.

Die Glosse Landrechts setzt nun ihrer Bestimmung gemäss
die Namen Meier bzw. Meierrecht in Beziehung zu Instituten,

---

[44] Vgl. Glosse zu S. Ld.-R. III 45, § 6 bei Homeyer, Ssp. Bd. I 341.
Desgl. Glosse zu S. Ld.-R. I 43 (erwähnt bei Grupe, Disceptationes forenses
1051. Glosse zu S. Ld.-R. I 47 (erwähnt bei Grupe, Disceptationes forenses
1063. Glosse zu S. Ld.-R. III 77 (vgl. Eykens v. Repgow Sachsenspiegel
mit der Glosse ed. Gärtner 1732 a. a. O. Vgl. Glosse zu S. Ln.-R., Artikel 60
bei Homeyer, Ssp. Bd. II S. 359. Richtsteig Lehnrechts Kap. 31, § 2 bei
Homeyer, Ssp. Bd. II 1 S. 538. Richtsteig Landrechts ed. Homeyer 1857,
Kap. 21, § 3.
[45] Vgl. Kraut, Grundriss zu Vorlesungen über das deutsche Privatrecht 1872, S. 452.

welche der Grundtext Eykes von Repkow schildert. Meier sind nach der Glosse die Zeitpächter des Sachsenspiegels, ihr Besitzrecht ist Meierrecht[46]. Aber nicht nur zur Erläuterung dieses Instituts des Privatrechts wird die Bezeichnung Meier gebraucht, sondern sogar ganze Stände des Rechtsbuchs werden von der Glosse für Meier erklärt. Sie sagt, landseten dat sin meigere, an anderer Stelle erklärt sie als das Merkmal des Standes der Biergelden, dass diese ihr Gut zu Meierrecht besitzen, „de dridden hebbet id to Meyerschop alse Berghelden"; wieder an anderer Stelle identificirt sie Biergelden und Landsassen und betont die Kündbarkeit ihres Pachtverhältnisses: Lantseten sint dat, de hir beneden birghelden heten, di sitten up ghemedeme gude, dar me si mach afwisen, wen me will[47]. Also die Klasse der freien Zeitpächter deckt sich so sehr mit den Ständen der Biergelden oder Landsassen, dass das Meierrecht geradezu als ein privatrechtliches Merkmal des staatsrechtlichen Begriffes dieser Stände erscheint. Die von dem Glossator vorgenommene Identificirung der freien Landsassen und der Biergelden hat in der Wissenschaft keine Anerkennung gefunden, weil sie den ausdrücklichen Angaben des Landrechts widerspricht[48]. Nach dem Landrecht gehört der Biergelde zum Stand der Pfleghaften, er ist ein vogteipflichtiger Eigenthümer[48]. Folgen auch wir der Ansicht, dass hier ein Missverständniss des Glossators vorliege, so bleibt nur noch der Stand der Landsassen übrig, welcher nach der bisher unwidersprochenen Ansicht der Glosse aus Meiern bestehen soll. Wir können also ein von der Glosse als Meierrecht bezeichnetes Besitzrecht und einen von derselben Glosse als Stand der Meier bezeichneten Stand der freien Landsassen mit Hilfe

---

[46] Vgl. von den unter Note 44 angeführten Stellen Glosse zu S. Ld.-R. III 77 (Sachsenspiegel ed. Gärtner a. a. O.). Richtsteig Ld.-R. Kap. 21, § 3.

[47] Vgl. Homeyer, Ssp. Bd. I S. 341 (Gl. zu III 45, § 6). Homeyer, Ssp. Bd. I S. 156 (Gl. zu I 2, § 4). Grupe, Disceptationes forenses S. 1051 und 1063 (Gl. zu I 43 und I 47).

[48] Vgl. R. Schröder, Deutsche Rechtsgeschichte S. 434, Anm. 73. Vgl. die von Schröder angeführten Stellen des Landrechts.

der Angaben des Rechtsbuches selbst auf ihre Beziehungen zu unserem welfisch-niedersächsischen Meierbesitzrecht und zu dem Stand der welfisch-niedersächsischen Meier hin untersuchen.

Beginnen wir mit der Untersuchung der Standesverhältnisse der freien Landsassen. Abgesehen von einigen hier irrelevanten Angaben über Gerichtsstand im geistlichen Gericht, Ebenbürtigkeit mit Schöffenbaren etc. sagt das Landrecht folgendes[49]: Freie Landsassen sind freie Leute, haben aber kein Eigen im Land und kommen und fahren gastesweise. Sie haben ihren Gerichtsstand im Gohgericht, das sie alle 6 Wochen besuchen müssen: der freigelassene Dienstmann oder Eigene (Late) erhält freier Landsassen Recht.

Dass der so geschilderte freie Landsasse nicht etwa ein Landstreicher, sondern ein Bauer ist, erfahren wir aus Ld.-R. I 2 § 4. Die bei des Gohgrafen Ding nicht erscheinenden Landsassen werden vom Bauermeister d. h. dem niedersächsischen Landgemeindevorsteher gerügt und ihre sonstigen Wrogen beim Gericht eingebracht.

Im 13. und 14. Jahrhundert ist der niedersächsische Meier nach unserer Annahme ein freier Mann. Er ist ein Zeitpächter, hat also auch in der Hauptsache kein Eigen im Land. Da sein Besitzrecht am Gut ebenfalls nur für wenige Jahre begründet wird, und er oder der Eigenthümer dann in der Regel das ganze Verhältniss auflöst, so ist auch für ihn die Bezeichnung Gast bezw. gastesweise fahrender Mann durchaus angemessen. Ebenso wie der Landsasse hat auch der welfisch-niedersächsische Meier seinen Gerichtsstand im Gohgericht.

Betrachten wir jetzt das von der Glosse als Meierrecht bezeichnete Besitzrecht des sächsischen Landrechts. Vor allem ist zu bemerken, dass der Sachsenspiegel selbst an keiner Stelle die Zeitpacht, die er schildert, ausdrücklich als das Besitzrecht der freien Landsassen bezeichnet.

---

[49] Vgl. Homeyer, Ssp. Bd. I, S. Ld.-R. I 2, § 4, S. Ld.-R. I 16, § 1, S. Ld.-R. III 45, § 6, S. Ld.-R. III 80, § 2.

Natürlich ergiebt sich schon aus der Eigenschaft des Landsassen als landloser gastesweise fahrender Bauer ein hoher Grad
von Wahrscheinlichkeit für die Annahme, dass dieser Landsasse
zu der zeitpachtähnlichen Zinsleihe des Rechtsbuchs gesessen hat.
Ausserdem aber macht gerade die Glosse, welche einerseits die
Zeitpächter des Rechtsbuchs Meier und andererseits den Landsassen selbst auch Meier nennt, diese Annahme zur Gewissheit.

Es ist heute allgemein angenommen, dass die Bestimmungen
des Sachsenspiegels über zeitpachtähnliche Zinsleihe oder richtiger
Zeitpacht auf das Besitzrecht der Bevölkerungsklasse der freien
Landsassen an ihren Bauerngütern bezogen werden müssen[50].

Sehen wir uns jetzt das Besitzrecht des Landsassen näher an:
Ausser den Stellen des sächsischen Landrechts sollen auch
die Angaben des sächsischen Lehnrechts über landrechtliche Zinsleihe herangezogen werden, da beide Werke von demselben
Autor in der ersten Hälfte des 13. Jahrhunderts verfasst worden
sind[51].

Die allgemeine Bezeichnung für alle zu abgeleitetem Besitzrecht besessenen Bauerngüter ist in beiden Rechtsbüchern Zins-
gut[52]. Als besonders bevorzugte Art von Zinsgütern erscheinen
die zu Erbzinsrecht verliehenen Güter. Das sächsische Landrecht
kennt nur eine Art der Entstehung solchen Besitzrechts, nämlich
bei Neurodungen[53]. In diesem Fall soll der Grundherr den

---

[50] Vgl. R. Schröder, Die Gerichtsverfassung des Sachsenspiegels in der
Zeitschrift für Rechtsgeschichte German. Abth. Bd. V S. 53. R. Schröder,
Deutsche Rechtsgeschichte S. 436, Anm. 1.
[51] Vgl. Stobbe, Geschichte der deutschen Rechtsquellen, Bd. I S. 320 ff.
und S. 311.
[52] Vgl. Homeyer, Sachsenspiegel, Bd. II 2, S. 276 ff. (System des Lehnrechts).
[53] S. Ld.-R. III 79, § 1. Der im sächsischen Lehnrecht Art. 73, § 1
erwähnte tinsgelde, der entweder zum Gut geboren ist, oder sich in das
Zinsgeld gekauft hat, besitzt ebenfalls zu Erbzinsrecht. Es ist mir jedoch
zweifelhaft, ob hier noch ein landrechtliches Besitzverhältniss anzunehmen
ist. Wahrscheinlich gehört dieser Tinsgelde dem Art. 68, § 5 erwähnten hof-

Bauern Erbzinsrecht geben, obwohl sie zum Gut nicht geboren sind. Der Erbzinsmann hat eine ausgedehntere Nutzungsbefugniss am Gut als der gewöhnliche Zinsmann. Er darf Stein- und Lehmgruben machen, Holz hauen und roden, ohne die Erlaubniss des Herrn vorher einholen zu müssen[54].

Die übrigen Stellen über Zinsleihe erwähnen das Erbzinsrecht nicht mehr ausdrücklich. Es ist jedoch nicht ausgeschlossen, dass einzelne allgemeine Bestimmungen auch für dieses bessere Besitzrecht Geltung hatten. Die bei weitem wichtigere nicht erbliche Zinsleihe des Sachsenspiegels, auf die sich die grosse Mehrzahl aller Angaben des Rechtsbuches beziehen, ist eine frei kündbare landrechtliche Zeitpacht.

Das Verhältniss wurde wohl meistens auf kurze Pachtperioden von wenigen Jahren eingegangen[55].

Abgesehen davon hatten beide Theile an einem bestimmten Termin im Jahr und zwar zu Lichtmess ein gegenseitiges Kündigungsrecht[56]. Der Zinsmann erhielt eine beschränkte Nutzungsbefugniss. Die Vornahme von Veränderungen der Substanz des Gutes war ihm nur mit Erlaubniss des Herrn gestattet[57].

Für die Nutzung entrichtete er dem Grundherrn Geld- und Naturalzins[58].

Bei Zinssäumniss wuchs der zu entrichtende Zins mit jedem versäumten Tag um das doppelte[59].

Ausserdem konnte der Grundherr den säumigen Zinsmann jederzeit, ohne die Erlaubniss des Richters zuvor einholen zu

rechtlichen Verbande der Zinsgenossen an, vor denen er den Grundherrn belangen muss, ehe er ihn beim oberen Herrn verklagen darf. Hiermit stimmt auch, dass sein Gut dienst(vogtei)pflichtig ist (Art. 73, § 1). Vgl. Gl. zu S. Ld.-R. II 59, § 1 bei Homeyer, Ssp. I S. 288. Schröder, Rechtsgeschichte 1889, S. 435 und 436, Anm. 81.

[54] Vgl. S. Ld.-R. I 54, § 5 (Zusatz).

[55] Vgl. S. Ld.-R. III 77.

[56] Vgl. S. Ld.-R. II 59, § 1.

[57] Vgl. S. L.-R. I 54, § 5.

[58] Vgl. Homeyer, Sachsenspiegel, Bd. I S. 373, Bild zu III 77.

[59] S. Ld.-R. I 54, § 2.

müssen, auspfänden[60], und sogar die Gläubiger des Grundherrn
hatten ein Pfändungsrecht gegen den Zinsmann bis zum Betrag
des Jahreszinses[61]. Schliesslich besass der Herr im Prozess über
den Zins dem Pächter gegenüber das Beweisrecht[62], wenn dieser
nicht die schon geschehene Zinsleistung mit zwei Zeugen beweisen
konnte[62]. Weiterverpachtung des Gutes war dem Zinsmann nicht
gestattet, er musste es selbst mit seinem Gesinde bestellen[63].
Die Gebäude auf dem Gut und die Besserung im Land
waren Eigenthum des Pächters[64]. Löste sich das Verhältniss
so musste der Grundherr Bau und Besserung nach der Ab-
schätzung der Gemeinde bezahlen[65]. Kam keine Einigung zu
Stande, so nahm der Bauer Haus und Mist mit sich fort[66].

Hatte der Zinsmann das Gut besäet erhalten, so musste er
es besäet wieder ausfolgen[67], nachdem das Kontraktsverhältniss
erloschen war[67].

Das in solcher Weise verpachtete Land wurde als freies
Gut des betreffenden Grundherrn betrachtet, das er wie seinen
Hofacker in unmittelbarer Nutzung hatte[68].

War der Grundherr daher von Vogteiverhältnissen frei, so
war auch der Pächter zu keinerlei aus der Vogtei entspringenden
Leistungen, besonders nicht zu Frondiensten an Dritte verpflichtet[68]. Frondienste an den Grundherrn werden nicht erwähnt. dagegen war das Gut wohl meistens zehnpflichtig[69].
Ueber den Fortbestand des Verhältnisses beim Tod eines
der beiden Kontrahenten enthält das Rechtsbuch folgende Angaben: Nach dem sächsischen Landrecht II Art. 59 § 2 soll der

---

[60] S. Ld.-R. I 54, § 4.
[61] S. Ld.-R. I 54, § 1.
[62] S. Ld.-R. I 54, § 3.
[63] S. Lu.-R. 60, § 2.
[64] S. Ld.-R. II 21, § 1, S. Ld.-R. II 53.
[65] S. Ld.-R. II 53.
[66] Vgl. S. Ld.-R. II 53.
[67] Vgl. S. Ld.-R. III 77, § 1.
[68] Vgl. S. Ln.-R. 78, § 1 und 2, R. Ln.-R. 31, § 2.
[69] Vgl. S. Ld.-R. I 54, § 3.

Erbe des Zinsmannes den Zins ruhig weiter entrichten, und ebenso soll der Zinsmann dem Erben des Grundherrn gegenüber das Recht auf die fernere Nutzung des Gutes haben. Er braucht zur Wahrung dieses Rechts Niemand, der ihn (seine Ansprüche) vertrete, als seinen Pflug. Hierzu bemerkt die Glosse: „dar tu dat he di sat von deme jare nutte" „pluch" dat is dat he'd bewise dat he'd bearbeit hebbe; hedde he id aver lenger scun hebben, des mach en jene de dar starf eder die en dat vercofte nicht vortan geweren.

Also die Glosse bestreitet den Uebergang des Kontraktsverhältnisses auf den Successor des Grundherrn. Der Zinsmann hat nach den deutschrechtlichen Sätzen über Fruchterwerb dem Successor gegenüber nur darauf Anspruch, die Saat des laufenden Jahres gegen Zinszahlung zu ernten. Dann aber muss er auf Geheiss des neuen Grundherrn vom Gut weichen, einerlei, auf wie lange er den Vertrag abgeschlossen hatte.

Noch weiter aber geht die Stelle sächsisches Landrecht III Art. 77 §§ 1 und 2, nach welcher der Erbe des Grundherrn ohne Rücksicht auf die beabsichtigte Dauer des Vertrags das Gut sogleich an sich nehmen konnte und nur verpflichtet war, die Saat gegen Erstattung des Jahreszinses von dem Zinsmann zu lösen.

Legt man die Stelle Buch II Art. 59 § 2 im Sinne der Glosse aus, so lassen beide das Verhältniss mit dem Tod des Grundherrn hinfällig werden. Sie weichen nur insofern von einander ab, als der Erbe des Grundherrn nach Lib. III Art. 77 das Gut gegen Zahlung des Jahreszinses sogleich zurücknehmen kann, während er nach Lib. II Art. 59 § 1 dem Pächter noch die Saat des Jahres benützen lassen muss.

Im Gegensatz zu dieser Lösung des Verhältnisses bei Wechsel des Grundherrn steht die Succession der Erben des Zinsmannes in den Pachtvertrag nach dem homeyerschen Text schon unbestritten fest. Die Berliner Handschrift des sächsischen Landrechts von 1369, die der Ausgabe von Homeyer zu Grunde liegt, hat an dieser Stelle folgenden Wortlaut (II 59 § 2): „Stirft de tinsman des herren, sin erve trit an sine stat, unde gilt van 'me gude also jene solde".

Die älteste Quedlinburger Handschrift, die noch aus dem 13. Jahrhundert stammt [70], sagt hier gerade das Gegentheil: Stirft der tinsman des herren, die Herre tritt in sin erbe an die stat, und gilt also jene solde, d. h. beim Tod des Zinsmannes fällt das Gut wieder an den Herrn, und dieser giebt dem Erben soviel wie jener gegeben hat, m. a. W. den Jahreszins als Entschädigung. Also die älteste Handschrift des sächsischen Landrechts lässt ebenso wie beim Tod des Grundherrn, so auch beim Tod des Zinsmannes das Verhältniss hinfällig werden.

Zur Zeit der Abfassung des Rechtsbuches scheint eine Succession der Erben beider Theile in den Pachtvertrag nicht stattgefunden zu haben. Die von Homeyer zu seiner Ausgabe gewählte Handschrift von 1369 zeigt diese Seite unseres Instituts in einer Fortentwicklung, welche augenscheinlich auf die Feststellung dieser Succession wenigstens auf Seiten des Pächters hindrängte [70a].

Soviel über die Zeitpacht des Sachsenspiegels, das Besitzrecht der freien Landsassen. — Welche Resultate ergeben sich nun aus dieser Betrachtung des Standes der freien Landsassen und der Zeitpacht des Rechtsbuches für die Beurtheilung des Standes der welfisch-niedersächsischen Meier und ihres Besitzrechts im Mittelalter?

Vor allem ist es klar, dass wir unsere Meier unbedenklich zum Stand der freien Landsassen rechnen dürfen: Hierzu bedürfen wir nicht der Angabe der Glosse, dass die Landsassen Meier seien, sondern nur des klaren Bewusstseins, dass das sächsische Landrecht die staatsrechtlichen Verhältnisse des Herzogthums Sachsen und daher vor allem die Stände und die Gerichtsverfassung von Ostfalen und Engern dargestellt hat. Wenn wir also im welfischen Niedersachsen im 13. und 14. Jahrhundert

[70] Stobbe, Geschichte der deutschen Rechtsquellen 1860, Bd. I S. 316.

[70a] Dass diese auch hier noch nicht ganz fest stand, beweist die Stelle S. Ld.-R. II 53.

eine Menschenklasse finden, welche alle für die Landsassen ge-
forderten Standeseigenschaften besitzt, so müssen wir logischer
Weise diese Leute für Mitglieder des Standes der Landsassen
halten.

Viel schwieriger ist die Frage nach den Beziehungen zwischen
Meierrecht und Zeitpacht des Sachsenspiegels zu beantworten.
Dass das älteste Meierrecht eine Form der Zeitpacht ge-
wesen ist, lässt sich nicht bezweifeln, ob es aber völlig mit der
Zeitpacht des Sachsenspiegels übereinstimmte, m. a. W. ob diese
Zeitpacht des Sachsenspiegels Meierrecht im technischen Sinn
war, lässt sich nicht einfach auf Grund der Behauptung der
Glosse bejahen, sondern nur durch genaue Vergleichung des
Rechtsinhalts beider Institute entscheiden.

Dem Meierrecht wie der Zeitpacht des Sachsenspiegels ist
gemeinsam die Festsetzung bestimmter Pachtperioden [71]. Gemeinsam ist beiden Kontraktsverhältnissen ein Kündigungsrecht
beider Theile zu bestimmter Zeit im Jahr. Da wir auch bei der
Zeitpacht die Festsetzung bestimmter Pachtzeit als Regel behaupten, so lassen sowohl diese ausdrücklich erwähnte Kündi-
gungsfreiheit wie auch die Angaben der Glosse die Möglichkeit
der Kündigung während der vertragsmässig laufenden Pachtzeit
als höchst wahrscheinlich annehmen [72].

Wir ersehen aus dem Rechtsbuch, weshalb bei dem Meierrecht sowohl wie bei der Zeitpacht keine Kündigungsfristen festgesetzt wurden. Denn ursprünglich hatte der Zinsmann bei jeder
Art des Erlöschens des Kontrakts, also auch im Fall der zu
rechter Zeit erfolgten Kündigung, jedes Nutzungsrecht am Gut

---

[71] Allerdings spricht nur S. Ld.-R. III 77, § 1 von Pacht auf bestimmte
Zeit. Jedoch versteht auch die Glosse zu II 59, § 2 den im Text erwähnten
Vertrag als auf bestimmte Zeit abgeschlossen. Nach dem ganzen Charakter
des Verhältnisses scheint mir, dass auch hier immer feste Pachtperioden bestanden haben. Vgl. Gl. zu S. Ld.-R. I 47 bei Grupe, Disceptationes forenses S. 1063.

[72] Vgl. Gl. zu S. Ld.-R. I 2, § 4, bei Homeyer, Ssp. S. 156, desgl.
Gl. zu S. Ln.-R. 60 bei Kraut, Grundriss S. 452.

verloren und nur einen obligatorischen Anspruch auf Entschädigung für seine Aufwendungen, später aber ergab sich die Frist, während der der Meier sowohl wie der Zeitpächter das Gut nach erfolgter Kündigung benützen durften, aus dem Satz, dass beide die von ihnen in das Feld gebrachte Saat gegen Zahlung des Jahreszinses auch einzuernten das Recht hatten[73]. —

Alle übrigen Bestimmungen des Meierrechts über Pfändungsrecht des Eigenthümers gegen den säumigen Meier, ferner über Eigenthum der Gebäude und der Besserung und Auseinandersetzungsverfahren bei Abzug des Meiers finden wir bei der Zeitpacht des Sachsenspiegels fast wörtlich wiederholt. Ja noch mehr, Bestimmungen, die wir im ältesten Meierrecht nicht wahrnehmen, die aber für das Meierrecht späterer Perioden geradezu begriffsbestimmend oder wenigstens charakteristisch geworden sind, wie die Pflicht des Meiers, das Gut selbst durch landwirthschaftlichen Bau zu nutzen, oder aber seine Verbindlichkeit, das Gut salva rei substantia zu gebrauchen, waren auch der Zeitpacht des Sachsenspiegels eigenthümlich[74].

Dass diese beiden Bestimmungen in dem ältesten Meierrecht nicht vorhanden sind, hat wahrscheinlich seinen Grund darin, dass wir das älteste Meierrecht vorwiegend auf Grund der zwischen Klöstern einerseits und Standespersonen andererseits vereinbarten Meierbriefe dargestellt haben. In diesen mussten naturgemäss die Bestimmungen, welche das Meierrecht zur eigentlich bäuer-

---

[73] Vgl. zu S. Ld.-R. II 59, § 2. Homeyer, Ssp. S. 288. Ferner über den deutschrechtlichen Fruchterwerb S. Ld.-R. II 46, § 3. Die gleiche Bestimmung aus dem bremischen Meierrecht in späterer Zeit, Deichrecht dd. 1525 bei Oelrichs, Bremische Gesetzbücher S. 594 ff. Ueber den Fruchterwerb, vgl. Mittheilungen des historischen Vereins für Osnabrück, Bd. V S. 181 (Urk. dd. 1426).

[74] Vgl. Pfeiffer, Meierrecht S. 62 ff. und S. 109—115. Strube, Commentatio de iure villicorum S. 64—66 (Kap. III, § 1). Gesenius II S. 361 ff. Busch, Beiträge zum Meierrecht im Fürstenthum Hildesheim mit besonderer Berücksichtigung der Provinzial-Gesetze und der gerichtlichen Praxis, Hildesheim 1855, S. 37.

lichen Zeitpacht (Kolonat) machen, fehlen oder wenigstens höchst selten Aufnahme finden[75]. —

Aber das Fehlen dieser Bestimmungen im dem von uns dargestellten Meierrecht des welfischen Niedersachsens und das Vorhandensein dieser Sätze in der Zeitpacht des Sachsenspiegels können wir unmöglich als Unterscheidungsmerkmal zwischen ältestem welfisch-niedersächsischem Meierrecht und der Zeitpacht des Sachsenspiegels ansehen. —

Allerdings finden sich bei der Sachsenspiegelzeitpacht Bestimmungen über die höchstpersönliche Natur des Verhältnisses, die aus den Urkunden über das älteste welfisch-niedersächsische Meierrechts nicht zu entnehmen waren. Aber wer wollte bei der ganzen Struktur unseres Meierrechts und in Anbetracht der Thatsache, dass ich nothgedrungen mehr Urkunden des 14. Jahrhunderts als der früheren Epochen zu seiner Schilderung benutzte, darin einen Beweis für die rechtliche Verschiedenheit beider Institute finden?

Also materielle Unterschiede bestanden zwischen beiden Rechtsinstituten höchstwahrscheinlich überhaupt nicht.

Ein formeller Unterschied dagegen scheint vorhanden gewesen zu sein. An keiner Stelle des Sachsenspiegels wird des Meierbriefes, der im Meierverhältniss regelmässigen Urkunde über den Pachtkontrakt gedacht. Es ist selbstverständlich möglich, dass es auch im welfischen Niedersachsen Meierverhältnisse ohne schriftliche Urkunde über den Kontrakt gegeben hat, aber in den vorhandenen Nachrichten werden Meierverhältnisse ohne Urkunden nirgends erwähnt und die Ueberlieferung der späteren Zeit bestätigt es ausdrücklich, dass Meierbriefe seit Menschengedenken gegeben wurden und Meierverhältnisse ohne Meierbriefe zu den bemerkenswerthen Ausnahmen gehören[76].

---

[75] Uebrigens giebt es auch hier einzelne Briefe, die solche Verpflichtungen enthalten, vgl. Strube, Commentatio de iure villicorum S. 44 (dd. 1323).

[76] Busch, Beiträge S. 30. Vgl. Gesenius II S. 199. Mit dem Beginn des Meierrechts in unserem Sinne tauchen auch die Meierbriefe auf. Ausnahmen vgl. Gesenius II S. 194.

Ich nehme daher bis zum ausdrücklichen Nachweis des Gegentheils an, dass gerade für das älteste welfisch-niedersächsische Meierrecht die schriftliche Fixirung des Vertrags die Urkunde charakteristisch gewesen ist, m. a. W., dass bei Eingehung eines Meierverhältnisses dem Meier in der Regel ein Meierbrief im Sinne einer Beweisurkunde gegeben wurde. Ich halte es für wahrscheinlich, jedoch fehlen die ausdrücklichen Beweise, dass die Urkunde im ältesten Meierrecht des welfischen Niedersachsens eine rechtsbegründende Kraft hatte, dass die Uebergabe des Briefes an den Meier das Kontraktsverhältniss zur Entstehung brachte[77].

So ist denn der ganze Unterschied zwischen niedersächsischem Meierrecht und Zeitpacht des Sachsenspiegels auf eine Form zusammengeschrumpft, deren rechtliche Bedeutung man nicht einmal mit Sicherheit behaupten kann. Trotz dieser merkwürdigen Uebereinstimmung beider Rechtsinstitute möchte ich daran festhalten, dass die Zeitpacht des Sachsenspiegels Meierrecht im engeren Sinn nicht gewesen ist und zwar aus folgendem Grund: Wir können keinen direkten historischen Zusammenhang zwischen beiden Rechtsinstituten nachweisen. In der Gegend, wo der Sachsenspiegel entstand, und auf deren Verhältnisse er zunächst Bezug hatte, also in dem in der Einleitung beschriebenen Gebiet der heutigen Provinz Sachsen im Land zwischen Aller und Harz im Westen und der Elbe im Osten fand sich Meierrecht als weit verbreitetes bäuerliches Besitzrecht weder im Mittelalter noch in der neueren Zeit. In den Urkundenbüchern der Provinz Sachsen wird Meierrecht zwar erwähnt, aber das bäuerliche Besitzrecht κατ' ἐξοχήν, wie im welfischen Niedersachsen, war es in diesen Gebieten nicht. Die hier allgemein herrschenden Besitzrechte waren einerseits ein Erbzinsrecht, wie es scheint ohne besondere Eigenthümlichkeit, andererseits der sog. Lassbesitz[78]. Dieser Lass-

---

[77] Vgl. Schröder, Deutsche Rechtsgeschichte 1889, S. 673
[78] Es ist mir selbstverständlich unmöglich an dieser Stelle die umfassenden Nachweise für diese Behauptungen beizubringen. Für die neuere Zeit

besitz bestand unter diesem Namen schon im Mittelalter[79], er
wird von den kursächsischen Konstitutionen von 1572 und von
der magdeburgischen Polizeiordnung von 1688 ausdrücklich erwähnt und von diesen Gesetzen einfach als Pacht behandelt[80].
Dieser Lassbesitz wird von Kennern auf die Zeitpacht des
Sachsenspiegels zurückgeführt, und auch das kursächsische Gesetz
hat ja bei dem Begriff der Miethe gerade die Sätze des Sachsenspiegels über Zeitpacht vor Augen[81].

Dieses Lassrecht bestand also als weit verbreitetes bäuerliches Besitzrecht in der engeren Heimat des Verfassers des
Sachsenspiegels, und bei ihm trifft gerade der Umstand zu, dass
eigentliche Lassbriefe, also Urkunden über den Pachtkontrakt, im
früheren Mittelalter höchst selten erwähnt werden.

Ich möchte also annehmen, dass der Verfasser des Rechtsbuches die landrechtliche Zeitpacht seiner engeren Heimat, den
Lassbesitz oder wie er später hiess das lassitische Besitzrecht vor
Augen gehabt, und diesem Recht die Grundzüge seiner Darstellung entnommen hat.

Weil aber dieses Recht in allen Hauptpunkten mit den
übrigen partikularen Zeitpachtformen Niedersachsens, vor allem
mit dem Meierrecht übereinstimmte, so brachte Eyke von Repkow
durch eine bewunderungswürdige Auswahl des Stoffes und durch
eine geschickt gewählte allgemeine Benennung es fertig, in diesem

---

verweise ich auf Lette und Rönne, Landeskulturgesetzgebung des preussischen
Staates 1853 Bd. I S. LVII und die daselbst citirte provinzialrechtliche
Literatur. Für das Mittelalter waren meine Quellen die Geschichtsquellen
der Provinz Sachsen, herausgegeben vom Alterthumsverein zu Halle, Bd. IV,
V, VI, VII 1 und 2, IX, X, XIII, XVI.

[79] Vgl. Zeitschrift des Harzvereins, Bd. V 5, S. 478, Urk. dd. 1290.

[80] Vgl. die Quellen des gemeinen sächsischen Rechts ed. Weiske 1846,
S. 73 und Corpus Constitutionum Marchicarum Novissimum, Königlich Preus-
sische und Churfürstlich-Brandenburgische Landesordnung, Edikte und Man-
date im Herzogthum Magdeburg und Grafschaft Mansfeld, Magdeburgischer
Hoheit von 1680—1714, ed. Mylius, III. Theil S. 281.

[81] Vgl. Weiske, Quellen des gemeinen sächsischen Rechts 1846, S. 71
und S. 73. Lette und Rönne, Landeskulturgesetzgebung etc. I S. LVII.

Recht des freien Zinsmannes ein gemeines landrechtliches Kolonat seiner Zeit im Herzogthum Sachsen darzustellen. Dieses Recht ist also der allgemeinste Ausdruck der partikularrechtlichen Formen der Zeitpacht, wie Lassbesitz, Meierrecht und Landsiedelleihe, denn auch das letztgenannte Besitzrecht, welches hauptsächlich in Thüringen und Nordhessen verbreitet war, ist, wie Lennep schon im vorigen Jahrhundert bewiesen hat, und wie man noch heute leicht aus seinem Codex probationum[32] ersehen kann, im Mittelalter eine dem Meierrecht in allen Stücken analoge Zeitpacht gewesen.

Das Tinsrecht des Sachsenspiegels kommt also wahrscheinlich dem provinzialsächsischen Lassbesitz, aus dessen unmittelbarer Anschauung es entstanden ist, am nächsten. Der etwa 100 Jahre nach dem Verfasser des Rechtsbuches lebende märkische Glossator, in dessen Heimat diese Besitzrechte sämmtlich selten oder nicht vorhanden waren[33], wählte den Ausdruck Meierrecht deshalb zur Erläuterung der Zeitpacht des Sachsenspiegels, weil diese partikularrechtliche Form der landrechtlichen Zeitpacht unterdessen die grösste Verbreitung in ganz Sachsen gewonnen hatte, und daher für die meisten Leser ein bekannter Begriff war, mit Hülfe dessen sie sich eine klare Vorstellung von der rechtlichen Natur der Sachsenspiegelzeitpacht machen konnten.

Das Lassbesitzrecht bestand während des ganzen Mittelalters in der Provinz Sachsen unverändert fort, es scheint aber im ganzen hier immer mehr von dem Erbzinsrecht verdrängt worden zu sein. Seine Blüthezeit begann erst wieder als es seine Wanderung durch das ostelbische Deutschland antrat, dort das gute Erbzinsrecht der deutschen Kolonisten verdrängte und so zu einer traurigen Berühmtheit gelangte.

---

[32] Vgl. Lennep, Von der Leyhe zu Landsiedelrecht, Marburg 1769, bes. Bd. II.

[33] Vgl. Homeyer, Ssp. I S. 288, Gl. zu S. Ld.-R. II 59, § 1. Grossmann, Gutsherrlich-bäuerliche Rechtsverhältnisse in der Mark Brandenburg vom 16. bis 18. Jahrhundert, Leipzig 1890, S. 77 und 78.

Die Untersuchung des Sachsenspiegels und seiner Erläuterungsschriften hat also für die Erkenntniss des Besitzrechts und
des Standes der welfisch-niedersächsischen Meier erhebliche Resultate ergeben. Es ist uns möglich gewesen den Meier dem
Stand der freien Landsassen einzuordnen, es ist uns ferner möglich gewesen das älteste Meierrecht für eine partikulare Form
der im Sachsenspiegel genau beschriebenen landrechtlichen Zeitpacht zu erklären. Ausserdem haben wir noch mehrere Formen
dieser landrechtlichen Zeitpacht, die Landsiedelleihe und den
Lassbesitz gefunden, die in Hessen und dem ostfälischen Niedersachsen zur selben Zeit heimisch waren. — Nun haben es die
Untersuchungen von Wigand unwiderleglich nachgewiesen, dass
in Westfalen seit dem Ende des 12. Jahrhunderts ebenfalls eine
Zeitpacht unter dem Namen Meierrecht erscheint, die hinsichtlich
ihrer juristischen Natur völlig mit dem ältesten welfisch-niedersächsischen Meierrecht übereinstimmt, allerdings hier erst im
14. und 15. Jahrhundert allgemeine Verbreitung gewinnt[84].

Wir sehen also im 14. Jahrhundert im ganzen Herzogthum
Sachsen, d. h. also im grössten Theil von Nordwestdeutschland
das Land erfüllt mit Zeitpächtern, die man nach Analogie der
westfälisch-niedersächsischen Meier und kraft der für diese als
völlig zutreffend befundenen Sätze des Sachsenspiegels für freie
Leute vom Stand der Landsassen erklären muss. Ihnen gegenüber kommen wahrscheinlich die landrechtlichen Erbzinsverhält-
nisse nur in wenigen Gegenden in Betracht, die Hauptmasse der
übrigen Erbzinsbauern waren Hörige oder sog. Laten, welch'
letztere freilich noch einen beträchtlichen Theil, in Westfalen
sogar die überwiegende Masse der bäuerlichen Bevölkerung bildeten.

Der Umstand, dass diese freien Zeitpächter erst seit dem

---

[84] Vgl. Wigand, Provinzialrechte der Fürstenthümer Paderborn und
Corvey 1832 (abgekürzt citirt Paderborn), Bd. II S. 183 ff., S. 259 ff. bis 269.
Derselbe, Archiv für Geschichte und Alterthumskunde Westfalens ed. Wigand,
Bd. I (1826), Heft 4 S. 56 ff, Bd. II, Heft 1 S. 4 und S. 106. Kindlinger,
Geschichte der deutschen Hörigkeit 1819, Urk. No. 14, S. 243.

Ende des 12. Jahrhunderts in den Urkunden erwähnt werden,
und vorher ausser den selten vorkommenden und schwer bestimm-
baren coloni nur litones als sichere Vertreter der bäuerlichen
Bevölkerung erscheinen, hat mich zur Ueberzeugung gebracht,
dass alle diese freien Zeitpachtformen und mit ihnen natürlich
auch die freien Zeitpächter in dieser Zeit, bezw. kurz vorher entstanden sind.

Wie sich dieser Vorgang vollzogen hat, können wir natürlich nicht an einem abstrahirten Rechtsinstitut, wie der Sachsenspiegelzeitpacht, sondern nur an einem konkreten partikularrechtlichen Besitzrecht studiren.

Wir untersuchen daher jetzt die Entstehung des Meierrechts
auf Grund der niedersächsischen und westfälischen Quellen unter
Benutzung der ausgezeichneten Arbeit von Wigand und Kindlinger.

Die ländliche Verfassung Niedersachsens sowohl wie Westfalens kennzeichnet sich im frühen Mittelalter durch das überall
bestehende Institut der Villikation (villicatio) auch officium genannt. Um das Wesen der Villikationsverfassung richtig zu be-
greifen, müssen wir uns vergegenwärtigen, dass sie eine juristische
Verkörperung der Herrschaft über Personen und Land gewesen
ist. An dem Land hatte der Herr landrechtliches Eigenthum
(später auch Lehnrecht). Die Theile des Villikationsgebiets, an
denen Nutzungsrechte Dritter bestanden, kehrten, sobald diese
Nutzungsrechte aus irgend einem Grund erloschen, unmittelbar in
seinen Besitz zurück. Die Herrschaft über die Menschen bestand
kraft Privatrechts, sie war nicht unbeschränkt und willkürlich.
Einerseits hatte der Late eine landrechtliche Persönlichkeit, er
genoss den Schutz des Staates, andererseits hatte der Herr selbst
durch Schaffung der Villikationsverfassung des sog. Hofrechts den
Inhalt seines Rechts an Land und Leuten festgestellt. —

Zu einer Villikation gehörten Menschen und Land. Eine
Anzahl Hufen im alten Sinn des Worts, also Haus und Hof
(area) mit Ackerland auf der Flur und Nutzungsberechtigungen
in der Gemeinheit, waren mit ebensoviel Hörigen, Litonen- oder

Latenfamilien besetzt[84]. Auf jeder Hufe sass in der Regel nur
eine Familie[85], die Grösse des zu einer Hufe gehörigen Acker-
landes betrug meist 30 Morgen[86]. Ausser diesen sog. Lathufen
gehörte zu einer Villikation ein Herrenhof mit zugehörigem
Ackerland (Salland) (curtis cum mansis in dominicatis, auch Vor-
werk genannt). Herrenhof und Salland befanden sich im unmittel-
baren Besitz des Herrn, den Hof bewohnte er ursprünglich selbst,
das Land liess er durch Verwalter und Knechte oder frondienst-
pflichtige Laten bewirthschaften[87]. An den Lathufen dagegen
hatten die Litonen kraft der Verfassung der Villikation ein erbliches dingliches Nutzungsrecht[88], sie leisteten dafür geringe Frondienste und bezahlten Abgaben, Geld oder kleine Getreidezinsen,
die seit alter Zeit festgesetzt waren und ebenfalls kraft Villikationsrechts nicht erhöht werden durften[89]. Innerhalb des Kreises
ihrer Genossen hatten sie bei Zustimmung des Herrn Verfügungs-
freiheit über die Güter[90]. Sämmtliche Laten der Villikation waren
Hörige des Herrn. Der Inhalt dieser Hörigkeit war verschieden,
je nachdem der Late gesessen oder ungesessen war, d. h. ein
Gut kraft Villikationsrechts im Besitz hatte oder nicht.

---

[85] Vgl. Lüntzel, Lasten, Anhang No. 2 (dd. 1145) und No. 1 (dd. 1103).
Gesenius, Meierrecht I S. 290. Wigand, Paderborn II S. 148, 160, 161.

[86] Vgl. Lüntzel, Geschichte der Diöcese und Stadt Hildesheim 1858,
I S. 328 Anm., II S. 145. Stüve, Landgemeinden S. 26.

[87] Wigand, Paderborn II S. 146 ff. und 162 ff. Stüve, Lasten S. 41.
Lüntzel, Geschichte der S. und D. Hildesheim 1858, I S. 322 ff. Lüntzel,
Lasten, Anhang No. 1 (dd. 1103).

[88] Möser, Osnabrückische Geschichte II, Urk. No. 21 (dd. 1049). Wigand, Paderborn II S. 164. Lüntzel, Lasten S. 55, 56, 79, 80, 81. Urk.-
Buch des historischen Vereins für Niedersachsen, Heft II (1852), No. 398
(dd. 1268). Gesenius, Meierrecht I S. 308 ff. (dd. 1143).

[89] Vgl. Archiv für Geschichte Westfalens ed. Wigand, Bd. I (1826) 2,
S. 1 ff., 2 S. 48 ff., II (1828) 1, S. 1 ff., 2 S. 136 ff. Es heisst immer, iure
litonum solvunt. Wigand, Paderborn II S. 164 ff. Kindlinger, Hörigkeit,
Urk. No. 21 (dd. 1225). Lüntzel, Geschichte etc. I S. 330. Derselbe, Lasten
S. 83.

[90] Urk.-Buch des hist. Vereins für Niedersachsen, Heft II, No 398.
Kindlinger, Hörigkeit No. 43a. Die späteren Meierdingsfindungen lassen

Die Hörigkeit der gesessenen Laten fand hauptsächlich darin ihren Ausdruck, dass sie ohne Erlaubniss des Herrn das Gut nicht aufgeben durften. Sie waren glebae adscripti[91]. Im übrigen äusserte sich die Hörigkeit, sowohl der gesessenen wie der ungesessenen Laten, nicht mehr in persönlichen Freiheitsbeschränkungen, sondern nur noch in Abgabe- und Leistungsverpflichtungen gegenüber dem Herrn der Villikation und schliesslich in gewissen Rechten, die dieser nach dem Tod des Laten an ihrem Nachlass besass.

So bezahlten alle Laten einen unbedeutenden Kopfzins, gewöhnlich ein Huhn, ferner bei der Heirath die Bumede oder den Bedemund als Heirathsabgabe. Von einem Konsens des Herrn zur Heirath seiner Laten finden sich im 12. Jahrhundert nur noch sehr schwache Spuren. — Jedoch muss ein Recht des Herrn, den Konsens wirksam zu verweigern, bestanden haben. Die Urkunden des 12. und 13. Jahrhunderts setzen eine ziemlich unbeschränkte Heirathsfreiheit der Litonen beiderlei Geschlechts in- und ausserhalb des Villikationsverbandes voraus[92].

Starb der Late, so war der eigentliche Erbe seines beweglichen Nachlasses oder vielleicht noch richtiger seines ganzen Vermögens mit Ausnahme des Latgutes der Herr[93].

doch auf ein früher vorhandenes Konsensrecht des Herrn schliessen: Vgl. Grimm, Weisthümer, Bd. III S. 249, 253, IV S. 673.

[91] Ich nehme die glebae adscriptio noch in der herkömmlichen Bedeutung wegen der Glossenstelle zu S. Ld.-R. II 59, § 1 (Homeyer, Ssp. I S. 288) Die niedersächsischen Urkunden sprechen, soweit mir bekannt, eine eigentliche Schollenpflichtigkeit mit dem Wort glebae adscriptio nicht aus, vgl. Urk.-Buch d. h. V. II (1853) No. 398. Lüntzel, Lasten S. 56. Etwas anders vielleicht in Westfalen, Kindlinger, Hörigkeit S. 274 (No. 26 dd. 1250) und 262 (No. 21 dd. 1225). Das Wesentliche dieses Begriffes ist noch nicht aufgeklärt.

[92] Vgl. Kindlinger, Hörigkeit S. 115 ff. und Beilagen No. 9, 12, 19, 20 lit. a und b Art. 11, 44, 72, 76, 77, 116, 124 Art. 5 10 11, 158 Art. 7, 175, 181 Art. 6, 186, 193 Art. 7. Wigand, Paderborn II S. 191. Lüntzel-Geschichte der Stadt und Diöcese Hildesheim II S. 108. Wechselverträge haben mit der Heirathserlaubniss nichts zu thun, Gesenius I S. 315.

[93] Vgl. Kindlinger, Hörigkeit No. 12, No. 20 lit. a, No. 44 (S. 319).

Nur hinsichtlich des Latgutes waren die Angehörigen des gesessenen Laten, soweit sie zur Hofgenossenschaft gehörten, erbberechtigt[94]. Aber schon im 11. und 12. Jahrhundert hatte der Herr zu Gunsten der zur Hofgenossenschaft gehörigen Frau und der aus dieser Ehe entsprossenen Kinder darauf verzichtet, sein Erbrecht im vollen Umfang auszuüben. Waren solche Erben vorhanden, so nahm er nur Theile des Nachlasses, bald die Hälfte, bald auch nur Besthaupt und bestes Kleid oder andere Bruchtheile des Vermögens in Anspruch[95]. Der unverheirathet gestorbene Late hatte keine solche Erben, sein ganzes Gut fiel an den Herrn[96]. Voraussetzung für ein gültiges Erbrecht am Latgut wie an der vererblichen Fahrhabe war Zugehörigkeit zur Hofgenossenschaft. Diese aber konnte nur durch Aufnahme in den Verband oder durch Geburt von Eltern, die beide zur Hofgenossenschaft gehörten, erworben werden. — Daher hatte sowohl die Frau eines Laten, die selbst nicht zum Verband, sondern zu einer anderen Villikation gehörte oder frei war, wie auch die aus einer solchen Ehe hervorgegangenen Kinder strengem Villikationsrecht nach kein Erbrecht[97]. Hauptsächlich um diesem Uebelstand vorzubeugen, bestimmten unzählige sog. Wechselverträge unter den Herren benachbarter Villikationen, zwischen denen die Ehen häufig

---

Grimm, Weisthümer, Bd. III S. 126. Lüntzel, Lasten, Anhang Urk. No. 3 (S. 259). Schottelius, De singularibus quibusdam et antiquis in Germania juribus et Observatis 1671, S. 48 ff. Braunschweigischer Landtagsabschied de 1433.

[94] Vgl. Lüntzel, Lasten S. 79 und Note 88 die angeführten Stellen.

[95] Vgl. Kindlinger, No. 2 Art. 3 (schwäbische Urkunde). Nolten, De iuribus et consuetudinibus circa villicos, Braunschweig 1738, S. 146 und 147 (observatio de matrimonio litonum). Lüntzel, Lasten S. 78 und 79. Derselbe, Geschichte etc. S. 108. Wigand, Paderborn II S. 160, 161 und 191. Codex Diplomaticus (ed. Scheidt) zu v. Moser, Einleitung in das Braunschweig-Lüneburgische Staatsrecht, Göttingen 1759, S. 787, No. 95 (dd. 1230).

[96] Kindlinger, No. 20 lit. a, Art. 2, No. 56 lit. a (S. 345).

[97] Vgl. Lüntzel, Lasten S. 57. Desgl. die unter Note 95 angeführten Stellen bei Nolten und im Codex Diplomaticus. Gesenius, Meierrecht I S. 308—310.

waren, dass die Frau nach Zahlung der Bumede durch die Heirath ipso iure in die Genossenschaft ihres Mannes eintreten und damit ihre alte Villikationsangehörigkeit verlieren solle[98]. Fanden also Heirathen zwischen Angehörigen zweier Villikationen, die nicht in einem solchen Austauschverhältniss standen, statt. so musste die ausheirathende Hörige von ihrem alten Herrn freigelassen und von dem Herrn ihres Gatten in die Hörigkeit aufgenommen werden, widrigenfalls weder sie noch auch ihre Kinder ein Erbrecht an der Mobiliarhinterlassenschaft ihres Mannes oder an dem Latgut besassen, und sie selbst bei ihrem Absterben von ihrem alten Herrn, in dessen Hörigkeit sie mit ihren Kindern fortwährend verblieb, beerbt wurde[99]. Die häufigen urkundlich festgestellten Wechsel und Verkäufe von Laten bezogen sich höchst wahrscheinlich zum grössten Theil auf diese Heirathen von Angehörigen einer Villikation in die andere[100]. Durch Kauf und Tausch von Laten ermöglichten die nicht im dauernden Austauschverhältniss stehenden Villikationsherrn ihren Laten den Uebergang von der einen in die andere Villikationsangehörigkeit, ohne selbst Schaden dabei zu leiden. Die Freilassung aus dem einen und die Aufnahme in den anderen Villikationsverband wurden dann unentgeltlich oder gegen geringe Gebühr ertheilt. Der Litone oder die Litonin befanden sich also, wenn sie verkauft oder vertauscht wurden, materiell in viel günstigerer Lage, als wenn sie, wie es hier und da aus besonderen Gründen auch vorkam, sich selbst aus der einen Villikationsangehörigkeit freikaufen und um Aufnahme in

---

[98] Vgl. Lüntzel, Lasten S. 57 ff. Gesenius, Meierrecht I S. 306, 307, 312, 315. Lüntzel, Geschichte etc. S. 108 (Urk.-Buch des h. Vereins für Niedersachsen 1859, Abth. IV Heft 2, No. 6, dd. 1180).

[99] Kindlinger, Hörigkeit, Urk. No. 124, Art. 5, 11, dd. 1370. Kindlinger, Text § 26 ff. bis § 41, No. 40 (S. 311), dd. 1278. Kindlinger, Hörigkeit, Urk. No. 181, Art. 8, No. 31 (S. 287), dd. 1261; No. 192, Art. 8 und 9, No. 28ᵇ (S. 280), dd 1256; No. 193, Art. 10, No. 24 (S. 267), dd. 1239; No. 23 (S. 267), dd. 1231. Grimm, Weisthümer III S. 62 ff., Hofesrecht zu Eickel, dd. 1500, Art. 17, 28; III S. 213, Sieben freie Meierhöfe zu Bücken. Gesenius, Meierrecht I S. 308—310.

[100] Vgl. Kindlinger, Hörigkeit S. 87, 88, 102—109 (§ 28 und 29).

die andere nachsuchen mussten. Dieses Erbrecht des Herrn an
dem Gut seiner Laten bildete eigentlich den wichtigsten Bestandtheil ihrer Hörigkeit, es wurde, wenn es im Hofrecht der betreffenden Villikation festgestellt war, überall anerkannt und wie jedes
andere Privatrecht geschützt[101].

Daher wandelte sich die ursprünglich auch bei den ungesessenen Laten vorhanden gewesene glebae adscriptio in eine
faktische Freizügigkeit um, die während des Mittelalters ebenso
wie die Heirathsfreiheit aller Litonen bestand und erst in späterer
Zeit, etwa seit dem Beginn des 15. Jahrhunderts, wegen der den
leibherrlichen Ansprüchen sehr ungünstigen Stadtprivilegien, wieder
beschränkt wurde[102]. Natürlich ist dies nur der Grundzug, gewissermassen die Idee der frühmittelalterlichen Hörigkeit, im
einzelnen Hofrecht waren Erbrecht und Leistungsverpflichtungen
der Laten den mannigfachsten Modifikationen unterworfen. —

Die Pflicht des gesessenen Laten, das Gut nicht gegen den
Willen seines Herrn zu verlassen, seine glebae adscriptio, war auf das
engste mit seinem subjektiven Recht auf erblichen Besitz des Laten-
gutes gegen Leistung der vorgeschriebenen Abgaben verbunden[103].
Der Late hatte die Pflicht und das Recht, sein Gut unter den im Hofrecht festgesetzten Bedingungen zu besitzen und zu bewirthschaften.

---

[101] Vgl. Lüntzel, Lasten, Urk. No. 3 (dd. 1258).

[102] Die meisten Urkunden bleiben ohne Annahme dieser faktischen Frei-
zügigkeit mindestens der ungesessenen Laten unverständlich. Vgl. Kindlinger,
Hörigkeit No. 23 (dd. 1231), No. 24 (dd. 1239), No. 31 (dd. 1261, S. 281),
No. 40 (dd. 1278), No. 57 (dd. 1303), No. 65 (dd. 1317), No. 68 (dd. 1320),
No. 85 (dd. 1338) etc. Ferner die wichtige Urkunde bei Leyser, De litonum
absolutione observata, Helmstädt, s a. S. 3 ff. Strube, tractatio de bonis
Meyerdingicis § 10 (de iure villicorum, Anhang S. 579). Grimm, Weisthümer,
Bd. III S. 248 und 249. Kalenberger Urk.-Buch ed. Hodenberg 1855 ff,
Abth. 1 und 2, Kloster Barsinghausen No. 43 (dd. 1250). Ueber die Be-
schränkungen der Freizügigkeit in späterer Zeit vgl. Bremer Urk.-Buch ed.
Ehmke-Bippen, Bd. IV No. 315, § 10, 316, § 9 und 14 (dd. 1404) und Kalen-
berger Urk.-Buch ed. Hodenberg, Abth. 9 (Wunstorf), No. 220 (dd 1406).
Ueber die Ursache dieser Beschränkung vgl. Knicke, Die Einwanderung in den
westfälischen Städten bis 1400, Münster 1893, S. 77 ff. und bes. S. 104.

[103] Vgl. Note 91, besonders Urk.-Buch des hist. V. f. N.-S. II (1853), No. 398.

Der ungesessene echt geborene Late, Mann oder Frau, hatte kraft Abstammung von einem gesessenen Laten ein Erbrecht auf das Latengut, welches sich als das wichtigste aus seiner Hörigkeit entspringende Recht darstellte[104].

Das Hofrecht war ein Herrenrecht, es war kein autonomes Recht der Hörigen, sondern es bestand nur kraft des Willens des Herrn[105]. Aber die Verfassung, die der Herr seinen Laten gegeben hatte, wurde von diesen bewahrt, und die Anwendung der Verfassung auf den einzelnen Fall, die Rechtsprechung geschah durch die Gesammtheit der gesessenen Laten. Die Versammlung der Laten bildete einerseits die lebendige Urkunde der vom Herrn gegebenen Verfassung, sie urtheilte andererseits nach dieser Verfassung im Namen des Herrn. So bildete sich ein Institut, welches die Eigenschaften eines Gesetzbuches und eines Gerichts in sich vereinigte, das Hofgericht oder Meierding: Vorsitzer dieses Gerichts war der Herr oder in seinem Namen der Vorsteher und Verwalter der Villikation, der Meier oder villicus; Urtheilsfinder, Richter waren alle anwesenden Laten. Zu Beginn der Verhandlung fragte der Vertreter des Herrn das Recht der Villikation von den Laten. Dann folgte die Aburtheilung der einzelnen Fälle nach diesem Recht. In die Kompetenz des Gerichts gehörten alle Fragen über Rechte und Pflichten der Laten, also über ihr Recht auf das Latengut, Erbrecht, Leistungsverpflichtungen gegenüber dem Herrn, kurz über alle Fragen der Hörigkeit im weitesten Sinn. Dadurch, dass der Herr über seine eigenen Ansprüche an die Laten Recht sprechen liess, unterwarf er sich selbst ihrem Urtheil[106].

---

[104] Vgl. Lüntzel, Lasten S 81. Leyser, De litonum absolutione S. 4.

[105] Vgl. Lüntzel, Lasten, Urk. No. 2 (dd. 1145). Kindlinger, Hörigkeit, Urk. No. 2, 6, 7, 9, 12, 21 etc.

[106] Ich halte es nicht für nöthig, diese bekannten Dinge noch mit einzelnen Beweisstellen aus den Quellen zu belegen. Ein interessantes Bild des Einflusses des Meierdings giebt die Urkunde bei Kindlinger, No. 44 (dd. 1287). Vgl. ferner die Urkunde No. 95 bei Scheidt, Codex Diplomaticus etc. und Lüntzel, Lasten S. 83.

Auch für die Akte der freiwilligen Gerichtsbarkeit war das Meier- oder Latending kompetent. Jede Art von dinglichem Recht am Latengut konnte nur im gehegten Latending begründet werden, hier machte der Herr sein Konsensrecht bei Veräusserungen der Latengüter geltend [107].

Der Rechtskreis des Hofrechts, die Kompetenz des Meierdings absorbirte die Privatrechtssphäre des gesessenen Laten nur faktisch, nicht rechtlich. Nichts berechtigt zu der Annahme, dass der Late im Landrecht nicht rechtsfähig gewesen sei. In Strafsachen unterstand er selbstverständlich dem öffentlichen Gericht, nur, wenn der Herr der Villikation zugleich eine Immunität besass, unterstand er dem Vogtding, er war aber dann nicht als Late, sondern als Immunitätseingesessener dem öffentlichen Gericht entzogen [108]. Aber auch die civilrechtliche Persönlichkeit des Laten im Landrecht ist nicht zu bezweifeln. 72 bezw. 24 echtgeborene Laten bezeugen nach dem S. Ld.-R. I 6 § 2 und nach einer Hildesheimischen Urkunde dd. 1158 das Eigenthum. Alle möglichen Arten von Geschäften zwischen Freien und besonders den ungesessenen Laten, die nur landrechtlicher Natur gewesen sein können, werden urkundlich erwähnt [109]. Im übrigen war die Stellung der Litonen im Landrecht im 11. und 12. Jahrhundert noch dieselbe, wie sie die Lex Saxonum und die karolingischen Gesetze schildern [110].

Die Hörigkeit der Litonen im Sinn der Beschränkung der

---

[107] Vgl. Kindlinger, Hörigkeit, Urk. No. 43 lit. a 44. Urkundenbuch des Klosters Ilsenburg (Grafschaft Wernigerode), bearbeitet von Jacobs, Halle 1875 (Geschichtsquellen der Provinz Sachsen, Bd. VII 1 und 2), No. 228 (dd. 1331).

[108] Vgl. Lüntzel, Lasten S. 92 und 93. Scheidt, Codex diplomaticus zu Moser etc. Urk. No. IX c (dd. 1328). Stüve, Untersuchungen über die Gehgerichte in Niedersachsen und Westfalen 1870.

[109] Vgl. S. Ld.-R. Lib. I Art. 6, § 2 (Homeyer Ssp. I S. 163). Lüntzel, Aeltere Diöcese Hildesheim 1837, S. 376, No. 25 (dd. 1158). Lüntzel, Lasten No. 3 (dd. 1258), ferner S. 115 ff. Lüntzel, Geschichte der Diöcese und Stadt Hildesheim II S. 106 und 107.

[110] Vgl. Schröder, Rechtsgeschichte S. 215 und 216.

persönlichen Freiheit bestand also einerseits bei den gesessenen Laten in Gestalt der glebae adscriptio. Andererseits bildete die servitus der Laten einen Rechtsgrund für ein höchst sinnreiches System von Ansprüchen des Herrn auf den Nachlass des verstorbenen und auf Leistungen des lebenden Laten. Die Hörigkeit des Laten begründete aber nicht bloss Pflichten, sondern auch ein Recht, nämlich den Anspruch auf das Latengut. Der gesessene Late war im Besitz des Gutes, der ungesessene Late konnte kraft seiner Hörigkeit eventuell in den Besitz gelangen.

Wir haben die Villikationsverfassung bisher als juristische Verkörperung der Herrschaft über Land und Menschen betrachtet, und als deren wichtigsten Bestandtheil die Hörigkeit im weitesten Sinne des Wortes gefunden. Aber, um in unserer Untersuchung weiter zu kommen, müssen wir uns jetzt vor allem über die wirthschaftliche Bedeutung dieser Villikationsverfassung klar werden. Zu diesem Zweck stellen wir zuerst eine zwar nicht direkt zu beweisende aber doch aus der Struktur der Villikation als höchst wahrscheinlich sich ergebende Behauptung auf. Jede Villikation hatte ursprünglich einen Herrn, oder m. a. W. die Villikation ist nicht eine administrative Untertheilung eines grossen Güter- und Latenbesitzes, sondern sie ist, von Ausnahmen abgesehen, zu irgend einer Zeit als solche die wirthschaftliche Grundlage einer Existenz gewesen. Ich denke mir eine Zeit, etwa vor der fränkischen Invasion, wo von einer grossen Anzahl von Menschen, vielleicht sogar von einem ganzen Stand jeder Einzelne seine Villikation besass. Ob diese Villikationsbesitzer zum Stand der Edeln oder der Gemeinfreien gehörten, kann hier nicht weiter untersucht werden und ist auch für unsere Betrachtung nicht erheblich. Der Herr wohnte in seiner Sala, dem Herrenhof. Er bewirthschaftete sein Salland, den mansus indominicatus selbst, d. h. mit Gesinde und den Frondiensten seiner Laten. Von den Erträgen dieser Eigenwirthschaft lebte er mit seiner Familie und einem zahlreichen Gesinde, das selbst aus der Zahl der Laten genommen, je nach seinen Verrichtungen, die ihm am Hofe des

Herrn zugewiesen waren, einen höheren oder niederen Rang ein-
nahm. Jeder Late sass auf seiner Hufe, er gab einen mässigen
Zins, häufiger Geld als Frucht. Was hätte der Herr in einer
Zeit völliger Naturalwirthschaft mit grossen Getreidezinsen anfangen sollen? Auch der einkommende Naturalzins, Vieh, Getreide, Eier, Honig, auch hier und da Hausgeräth und Tuch
wurden hauptsächlich zur breiteren Lebensführung und Ernährung
zahlreicheren, für unsere Begriffe höchst überflüssigen, Gesindes
benutzt. Auch die Litonenkinder, die ungesessenen Laten, dienten
damals noch am Herrenhof, sie wurden mit den Abgaben ihrer
gesessenen Angehörigen gefüttert. Der Nachlass seiner Laten
war dem Herrn wichtiger als das Erzeugniss des von ihnen be-
wirthschafteten Bodens, das Hausgeräth, der Schmuck, ihr Feier-
kleid war immer noch besser in seinem weitläufigen Hauswesen
zu verwenden als die im Ueberfluss vorhandenen Naturalien.

Ueber Recht und Pflicht der Bauern befand der Herr, dabei
nahm er wohl den Rath bevorzugter Hausdiener an, oder er
fragte bei den Bauern selbst, wie es zu Zeiten seines Vaters ge-
halten worden. Freilich war er nicht an das Herkommen gebunden, aber die geringe Veränderlichkeit aller Lebensbedingungen
gaben dem Hergebrachten und Bestehenden noch eine ungleich
grössere Macht als in späterer Zeit. Er lebte wie seine Vorfahren, hatte dieselben Bedürfnisse, warum sollte er mehr als sie
von seinen Bauern verlangen?

So entstand das Hofrecht. Gerade das patriarchalische,
menschlich-gutmüthige Element in den hofrechtlichen Weisthümern
erklärt sich am besten, wenn man sie sich aus dem unmittel-
baren Verkehr von Herren und Laten entstanden denkt.

Aber der Herr war nicht bloss Besitzer und Verwalter seiner
Villikation, er war auch Kriegsmann und Richter, er ging auf die
Jagd und hatte mancherlei gesellige Pflichten. Gerade die eigenthümliche auf das Verzehren des im Ueberfluss vorhandenen an-
gelegte Wirthschaft auf dem Herrenhof machte eine umsichtige und
kundige Verwaltung des grossen Haushalts durchaus nothwendig.

So kam es, dass schon früh ein Beamter, dessen eigentlicher Auftrag diese Wirthschaftsführung im engeren Sinn war, zu grosser Wichtigkeit und Bedeutung gelangte. Dieser Beamte hiess villicus oder Meier, in Westfalen auch Schultheiss. Er gehörte ursprünglich fast immer dem Stand der Laten an. Aber innerhalb dieses Standes begann sich eine vorläufig nur social ausgezeichnete Klasse vertrauter Hofdiener des Herrn zu bilden. Zu diesen sog. Ministerialen gehörte auch der Meier. Er war also ein höriger Beamter des Herrn. Sein Amt bestand in der Wirthschaftsführung, d. h. der Verwaltung der Villikation. Er musste den Eigenbetrieb des Herrn leiten, die Abgaben und Leistungen der gesessenen und ungesessenen Laten empfangen und dabei die Rechte des Herrn wahrnehmen. Die Ausübung der letzteren Funktion wurde ihm dadurch ermöglicht, dass ihm der Herr den Vorsitz im Hofgericht übertrug. So leitete er die ganze Villikation im Namen des Herrn, er vereinigte in seiner Person die Eigenschaften eines Landwirths, eines Rentmeisters und eines Richters. Das Hofgericht hiess von nun an Meierding. Aber diese Verwaltung der Villikation führte er nicht kraft eines eigenen Rechts, sondern nur kraft eines Auftrags des Herrn. Er war ein Verwalter, er erhielt für seine Mühewaltung einen Gehalt oder ein Amtsgut, eine Hufe zu eigenem Gebrauch. Den Ertrag der Villikation musste er in natura an den Herrn abliefern bezw. selbst in der Wirthschaft des Herrn verwenden.

Gehen wir von dieser mehr oder minder hypothetischen Schilderung der frühesten fast prähistorischen Verhältnisse auf den Zustand der Villikationsverfassung Niedersachsens und Westfalens im 11. und 12. Jahrhundert über.

Die Urkunden dieser Zeit entrollen ein vielfach verändertes Bild. Vor allem hat eine Zusammenballung vieler Villikationen in einzelnen Händen, die vielgenannte Bildung des mittelalterlichen Grossgrundbesitzes stattgefunden. Bisthümer, Klöster, Fürsten und Herren sind im Besitz einer ganzen Reihe von Villikationen. Das freilich unrichtige Mass der Villikation, die

Hufe, wird zu einem noch unzutreffenderen Mass des ganzen
Güterbesitzes dieser Magnaten. Kleinere Klöster zählen Hunderte
von Hufen in ihrem Besitz; Bischof Bernward von Hildesheim be-
schenkt das Kloster St. Michael bei seiner Gründung mit 466 Hufen;
Fürsten, Bisthümer und Lieblingsklöster der Kaiser, wie Gandersheim und Korvey haben Tausende von Hufen[111]. Aber diese
Hufen sind noch sämmtlich Bestandtheile des Areals der Villikationen, in der Verfassung hat sich noch nichts geändert, die
so leicht irreführende Summe der zu den verschiedenen Villikationen gehörigen Hufenkomplexe ist nur ein abgekürzter Ausdruck, der dem sachkundigen Zeitgenossen einen allgemeinen Begriff von der wirthschaftlichen Macht des betreffenden Besitzers
geben will. Jede eingehende Schenkungsurkunde beweist, dass
nicht einzelne Hufen, sondern Villikationen, d. h. nicht Grund-
stücke, sondern wirthschaftliche Organismen, Betriebsunter-
nehmungen geschenkt werden, die sich wirthschaftlich ebenso sehr
von Grundstücken unterscheiden, wie heut zu Tage sich eine gut
eingerichtete im Betrieb befindliche Fabrik von einem Bauplatz
unterscheidet. Also das Kloster St. Michael hat 19 Villikationen
nicht aber 466 Hufen erhalten, das Kloster Gandersheim besitzt
nicht Tausende von Hufen, sondern vielleicht Hunderte von Villikationen.

Diese Villikationen sind zufällig, meist durch Schenkungen
in der Hand ihrer Besitzer zusammengekommen. Sie liegen daher räumlich nicht nebeneinander, sondern befinden sich im bunten
Gemenge mit Villikationen fremder Herren über weite Gebiete
hin zerstreut. Der Herr wohnt also jetzt nicht mehr Jahr aus
Jahr ein auf dem Herrenhof, er kann die Verwaltung seiner
Villikation nicht mehr regelmässig unter den Augen haben. In
der Mehrzahl der Fälle ist er ein Bischof oder ein Kloster. Diese

---

[111] Vgl. Lüntzel, Geschichte der Diöcese und Stadt Hildesheim, Bd. I
S. 328, 329, 335, 336 Note 1. Lüntzel irrt selbstverständlich in der Be-
rechnung der Zahl der geschenkten Hufen. Vgl. Lüntzel, Aeltere Diöcese
Hildesheim, Anhang Urk. No. 8, 9, 10.

sind aus anderen nicht hierher gehörigen Gründen an den Sitz
der Kathedrale oder die Ruhestätte ihres Heiligen gebunden, sie
können nicht einmal wie die weltlichen Herren mehrerer Villikationen von einem Herrenhof zum anderen ziehen und so ihre
Villikationen im Lauf des Jahres gewissermassen abweiden.
Unter diesen Umständen wird der schon vorher wichtige
Meier, der Verwalter der ganzen Villikation, völlig unentbehrlich.
Der häufig weit entfernte und fast niemals längere Zeit auf dem
Herrenhof anwesende Herr ist völlig auf den Meier angewiesen,
von dessen Treue und Umsicht der grössere oder geringere Ertrag der Villikation allein abhängt.   Aber nicht nur das Amt
des Meiers ist aus verwaltungstechnischen Gründen wichtiger geworden, sondern auch die persönliche Stellung des Meiers hat
sich deshalb verändert, weil die sociale Klasse, zu der er innerhalb des Standes der Unfreien gehörte, sich mächtig gehoben
hat, ja zu einem eigenen Stand geworden ist.   Die sociale Klasse
der bevorzugten Hausdiener hat sich durch besondere Dienstrechte
von den übrigen Laten abgesondert.   Der Stand der Laten bildet
nicht mehr eine homogene Masse der Genossen gleichen Rechts,
sondern es giebt besonders privilegirte Personenkreise, Ministerialen
genannt, unter ihnen.   Als begriffsbestimmendes Merkmal dieser
neuen Standesbildung erscheint die Pflicht und das Recht, zu
dienen.   Sie müssen und sie dürfen dem Herrn am Hofe und im
Kriege dienen.   Ihre Pflicht, die eigentlichen Hofämter des
Marschalls, Truchsessen, Kämmerers und Schenken zu versehen,
vor allem ihre Pflicht für den Herrn zu kämpfen, werden zu
Rechten so ehrenvoller Art, dass auch das Recht selbst sie zwar
formell im alten Stande belässt, materiell aber nicht nur über
ihren eigenen Stand, sondern auch über die nicht dienstberechtigten
Freien emporhebt und sie direkt hinter diejenigen Freien stellt,
die Freiheit und Dienstberechtigung vereinigt besitzen.
Der Meier gehört also in der Regel dem Stand der Ministerialen an, er ist ein ritterlicher Dienstmann[112].   Aber merk-

---

[112] Vgl. Strube, Commentatio de iure villicorum S. 13, 16. Lüntzel,

würdiger Weise hat sein Amt nicht den Charakter eines Hofamts im technischen Sinn angenommen, d. h. es muss nicht von
einem Ministerialen versehen werden. Nicht kraft des Meieramtes
ist der Meier Ministeriale, sondern weil er Ministeriale d. h. vertrauter Diener des Herrn ist, so besetzt der Herr in der Regel
den Beamtenposten des Meiers mit Ministerialen, er kann aber
noch immer einen Laien mit der Funktion des Meiers be-
trauen[112]. Die Ursache dieser eigenthümlichen Erscheinung
kann hier nur kurz angedeutet werden. Ich glaube, dass der
Grund in dem Gegenstand der Bedienung zu suchen ist. Gegenstand des Hofamts im eigentlichen Sinn ist immer der
Herr bezw. die Befriedigung seiner nächsten persönlichen Bedürfnisse. Diese innige Verbindung mit der Person des Herrn
giebt dem Hofbeamten seine Würde, sie verleiht seinem Amt das
hohe Ansehen. Gegenstand der Meierbedienung ist dagegen die
Villikation d. h. eine Betriebsunternehmung des Herrn, wie er
deren viele hat. Daher giebt es richtiger Ansicht nach, wie es nur
einen Herrn giebt, nur einen Kämmerer, einen Truchsess, einen
Marschall, dagegen sind so viele Meier vorhanden, als der Herr
Villikationen im Besitz hat. Als der Herr nur eine Villikation
besass, da war der Meier auch in fortwährender persönlicher
Beziehung zu dem Herrn und die Wichtigkeit seines Amtes
machte ihn zu dem ersten der Hausdiener. Mit der Erwerbung
mehrerer Villikationen wuchs die Wichtigkeit des Meieramts,
aber zu einem Hofamt im technischen Sinn konnte es sich nicht
entwickeln, weil der Herr nicht mehr auf dem Herrenhof wohnte,
weil der Meier nicht mehr seiner Person diente, sondern nur
sein Geschäft führte. Es ist ein verwickelter scheinbar wider-
spruchsvoller Begriff dieses Meieramt in den beiden geschilderten
Epochen.

Zuerst ist ein Unfreier kraft seines Amtes erster Hausdiener
mit den Ehren und dem Einfluss eines solchen, dann aber ist ein

Lasten S. 112 ff., 114, Anm. 1. Wigand, Provinzialrechte von Paderborn
und Corvey II S. 162, 181. Schröder, Rechtsgeschichte S. 421 und 423.

Unfreier kraft seiner Abstammung aus einer Beamtenfamilie also kraft seines inzwischen zum Geburtsstand gewordenen Beamtenstandes ein angesehener rittlicher Mann, der durch das Vertrauen seines Herrn zu der Verwaltung eines nicht im technischen Sinn mehr ehrenvollen Amtes berufen wird. Dieser ritterliche Meier steht nun zu seinem Herrn in einem reinen Beamtenverhältniss. Das Meieramt ist nicht wie die Vogtei oder die eigentlichen Hofämter schon früh Gegenstand des lehnrechtlichen Verkehrs geworden[113]. Später kommen allerdings Belehnungen mit dem Amt des Meiers vor, aber wir müssen und können diese Ausnahmefälle einstweilen unberücksichtigt lassen. Der Meier hat also kein Dienstrecht an seinem Amt, er hat nur den Auftrag, die Villikation im Interesse und auf Rechnung seines Herrn zu verwalten. Er soll also wie seit alter Zeit den Herrenhof bewirthschaften, er soll säen und ernten, er soll die Abgaben der gesessenen und ungesessenen Laten einziehen, ihr Erbtheil heben, mit ihnen Gericht halten, er soll wie der Herr selbst gütig und gerecht gegen sie sein, aber dieses alles soll er nicht für sich sondern zum Vortheil seines Herrn vollenden, er bekommt einen Gehalt, vielleicht ein Amtsgut, aber an den Einkünften als solchen hat er nicht Theil. Das juristische Verhältniss ist also dasselbe geblieben wie in alter Zeit. Aber wie sehr haben sich die thatsächlichen Verhältnisse geändert! Der Herr besitzt nicht mehr eine, sondern Dutzende von zerstreut liegenden Villikationen, er ist daher der Regel nach weit entfernt von der Villikation, aber er ist auch nicht mehr auf den Ertrag einer Villikation angewiesen. Der Meier ist kein unterwürfiger, stets beaufsichtigter Late mehr, dem sein Amt hohe Ehre und eine beneidenswerthe Stellung unter den übrigen Laten sichert, sondern er ist ein Mann,

---

[113] Vgl. Strube, de iure villic. S. 12. Wigand, Paderborn und Corvey II S. 162. Lüntzel, Lasten etc. S. 112—117. Kindlinger, Hörigkeit, Urk. No. 25 b, 44, 84 b. Auch diese Urkunden sprechen nicht von Belehnung mit dem Meieramt, sondern nur von Pfandrecht oder Erbpachtsrecht an der Villikation. Wigand, Corvey und Paderborn II S. 233.

der kraft seiner Geburt Ansprüche besitzt, der der höchsten Ehre
jener und vielleicht aller Zeiten, der Waffenehre theilhaftig geworden ist.

Sein Herr hat ihn allein auf die entfernte Villikation geschickt. hier soll er arbeiten. Seine Genossen leben am Hofe
des Herrn, sie haben einflussreiche Hofämter, reiche Lehen, die
Freuden der Geselligkeit und als höchstes Gut die Nähe des Herrn.
Jetzt regt sich auch in seiner Seele der Eigennutz. Er beginnt
die Villikation wenigstens zum Theil für sich zu verwalten. Der
Herr spürt die Minderung seiner Einkünfte, aber wie viele Gründe
besitzt nicht ein Verwalter, um diese Minderung befriedigend zu
erklären. Endlich aber entdeckt auch der Herr den wahren
Grund dieser Schmälerung seiner Bezüge, und er ruft entrüstet
aus: villicus. qui redditus annuatim colligere solet, hactenus ibi
multa pro lubitu suo disponere et pleraque ad se attrahere in-
tendit, eapropter ille vel ab officio abdicandus, vel res ibi aliter
disponenda est[114].   Die Urkunden und Güterverzeichnisse des
11. und 12. Jahrhunderts sind voll von Klagen über die An-
massungen und die Gewinnsucht der ritterlichen villici[114]. Das
Verhältniss musste anders geordnet werden, und es wurde anders
geordnet.

Das Meierverhältniss in der bisher dargestellten Form liefert
ein klassisches Beispiel zur Beurtheilung der juristischen Natur
des Beamtenverhältnisses.

Zwei für den Begriff des Beamtenverhältnisses wichtige Merkmale waren vorhanden, nämlich das Gewaltverhältniss des Herrn
über den Ministerialen, welches sich gerade für diesen, wenn auch
nicht ausschliesslich so doch in der Hauptsache, in der Pflicht
zu dienen verkörperte, und ferner der konkrete Auftrag, die Villi-

---

[114] Vgl. Wigand, Paderborn etc. II S. 163. Lüntzel, Lasten S. 112—117.
Archiv für Geschichte und Alterthumskunde Westfalens, Bd III (1828),
Heft 1 S. 91. Strube, De iure villicorum S. 13, 14, 16. Kindlinger, Hörig-
keit, Urk. No 14, 21, 44 u. a.

kation zu verwalten. Freilich fehlte das dritte begriffsbestimmende Moment, die Begründung des Gewaltverhältnisses durch Vertrag. Die Pflicht des Ministerialen zu dienen bestand nicht kraft eines Vertrags, sondern kraft seiner Hörigkeit. Auch der freiwillige Eintritt eines Freien in die Genossenschaft der Ministerialen war meines Erachtens die freiwillige Begründung einer Hörigkeit, aus der sich mit anderen Pflichten auch die Dienstpflicht ohne freien Willensentschluss der Betheiligten entwickelte[115].

Die allgemeine kraft der Hörigkeit bestehende Dienstpflicht dauerte auch bei der Neuordnung fort, der Meier blieb Ministeriale. Aber sein Auftrag, sein Amt, sein Mandat änderte seine juristische Natur so sehr, dass es als solches verschwand und sich in eine völlig andere Vertragsform umbildete.

Zweifellos war das Rechtsverhältniss welches bisher hinsichtlich der Villikation zwischen Meier und dem Herrn bestanden hatte, ein Mandat gewesen. Uebernahme eines Auftrags ohne Entgeld aber gegen Honorar im Interesse des Auftraggebers. Aber der Meier war ein ungetreuer Knecht, er betrog den Herrn und behielt die Erträgnisse der Villikation für sich. Nun machte der Herr eine Aenderung, Anfangs mehr faktischer, als rechtlicher Art. Er setzte die Leistung des Meiers fest. Der Meier sollte nicht mehr die Erträgnisse der Villikation in natura, sondern eine Jahr aus Jahr ein sich gleichbleibende Masse von Naturalien oder eine Summe Geldes, eine sog. pensio abliefern. Was er mehr erwirthschaftete, gehörte ihm. Um sich gegen jede Anmassung des Meiers zu schützen, setzte der Herr dieses Abkommen schriftlich auf, fixirte seine Dauer nur auf wenige Jahre oder höchstens auf die Lebenszeit des Meiers und liess sich augenblickliche Hinfälligkeit des Kontrakts bei Zinssäumniss versprechen[116].

---

[115] Vgl. Laband, Staatsrecht des deutschen Reiches, Bd. I S. 407.

[116] Vgl. Wigand, Paderborn etc. II S. 150, 163, 181—188. Kindlinger, Hörigkeit, Urkunde No. 14, 21, aus späterer Zeit 56ᵃ, 76, 77. Strube, De iure villicorum S. 7. Harenberg, Historia ecclesiae Gandersheusis S. 387

Hiermit aber war das alte Mandat zerstört, an seine Stelle war ein völlig neuer Kontrakt getreten. Kraft dieses Kontrakts hatte der Meier ein eigenes Recht auf die Bewirthschaftung des Gutes im eigenen Interesse d. h. auf die Nutzung der Villikation, der Herr aber ein Recht auf die Leistung des festgesetzten Zinses ohne Rücksicht auf den jeweiligen Ertrag der Villikation.

Der Inhalt des Vertrags war nicht mehr: Der Meier soll für den Herrn die Einkünfte sammeln, wofür ihm dieser ein Honorar giebt, sondern der Meier soll die Einkünfte für sich sammeln und behalten, dafür aber soll er dem Herrn die pensio entrichten. Diese Pensio hiess in deutscher Sprache Pacht. Das Recht, welches aus diesen neuen Verträgen abstrahirt wurde, hiess ius pensionarium, jus villici, der Meier hatte das Gut, wie die älteste westfälische Urkunde sagt, in commissione iure sculteti. Eine Urkunde des Abts Konrad von Corvey vom Jahr 1176 enthält, so viel ich weiss, zum ersten Mal eine unzweideutige Erwähnung des neuen Verhältnisses.

Der Abt bestätigt in der Urkunde die Rechte des Küsters des Stifts an der Villikation Haversfort. Der Herrenhof, die curia der Villikation, war von einem Ministerialen in commissione iure sculteti empfangen worden. Nach dem Tod dieses Meiers bat sein Sohn um die commissio predicte curie d. h. also um Erneuerung des Kontrakts. Der Küster war geneigt, sie zu bewilligen, bat aber, weil das genus militum raro suis contentum est, den Abt um urkundliche Feststellung der Rechte des Küsters an der Villikation. Der Abt bestätigt nun, dass das ganze Dorf Haversford der Küsterei gehöre, dass also alle utilitas villae dem Küster zustehe. Als utilitas zählt er auf: locatio ville, locatio curie, locatio mansorum, hereditas defunctorum, census

(Urk. dd. 1268). Kalenberger, Urk.-Buch oder Hodenberg, Abth. 9 (Wunstorf), Urk. No. 53 (dd. 1301). Beispiele aus späterer Zeit, vgl. Archiv für Geschichte Westfalens, Bd. III (1828), Heft 2 S. 151.

litonum, desponsationes puellarum, que vulgariter Bedemunt
vocantur, utilitas silve adjacentis. Der Küster behält nun die
ganze Villikation selbst in der Verwaltung, er präsidirt dem
Meierding, der Meier des Hofes hat nicht den geringsten Anspruch gegen die Litonen, der neue Meier empfängt nur die curia
der Villikation in commissione jure schultcti höchstwahrscheinlich mit den dazu gehörigen Salhufen. Also hier ist eine Zer-
reissung der Villikation eingetreten, die uns jedoch augenblicklich
nicht weiter interessirt.

Aber welchen Inhalt hat die Herrschaft des Küsters über
die Villikation, welche utilitas giebt sie? Er kann die ganze villa
(Villikation) verpachten, ferner kann er den Herrenhof vermiethen,
er kann die Herrenhufen vermiethen, er kann die Laten beerb-
theilen, ihren Zins einziehen, den Bedemund heben, das Echtwort
im Wald nutzen. Was thut er nun? Er verpachtet die ganze
Villikation sicher nicht. Mit Ausnahme der curia verwaltet er
sie selbst. Die curia aber giebt er in commissione jure schulteti,
und ich glaube annehmen zu dürfen, dass er gerade und ausschliesslich durch diese Vermeierung sein Verpachtungsrecht ausübt [117].

Also, um das Resultat dieser Entwicklung in kurzen Worten
zusammen zu fassen: Der Meier ist zwar persönlich noch ein
Beamter, weil er seiner Geburt, seinem Stand nach in einem Gewaltverhältniss steht, dessen wesentlicher Inhalt die Pflicht zu
dienen ist. Aber das konkrete Vertragsverhältniss, in dem er zu
seinem Herrn steht, ist seiner juristischen Natur nach kein Mandat
mehr, sondern eine Pacht.

Formell wird zwar die Bezeichnung commissio oder admini-

---

[117] Vgl. Kindlinger, Hörigkeit, Urk. No. 14. Der Ausdruck locare
villicationes findet sich auch in hildesheimischen Urkunden aus derselben
Zeit. Vgl. Lüntzel, Lasten S. 97. „Curiam villicalem nomine commissionis acci-
pere" für Annahme eines Hofes zu Meierrecht kommt auch in einer bremischen Urkunde dd. 1383 vor, vgl. Bremisches Urkundenbuch ed. Ehmke-
Rippen 1886, Bd. IV No. 19.

stratio noch beibehalten, es bleiben diesem Meierrecht noch
mancherlei eigenthümliche Züge, welche auf seinen Ursprung hin-
weisen, aber begrifflich ist es selbständig geworden, mit ihm ist
die älteste Form der deutschen Zeitpacht entstanden. —
Wir haben jetzt gesehen, wie das Meierrecht entstanden ist,
aber wie haben sich die freien bäuerlichen Meier gebildet? Bis
jetzt sehen wir nur den ritterlichen Ministerialen als Meier d. h.
als Zeitpächter der Villikation. Aber der Meier ist noch kein
freier Bauer, weder im wirthschaftlichen noch im sozialen Sinn,
und der Bauer ist noch kein freier Meier, sondern ein höriger
Late. Um diese Entwicklung zu erklären, müssen wir wieder
die Schicksale der Villikation in ihrer Eigenschaft als Betriebsunternehmung wie auch als Verfassungsorganismus weiter verfolgen.

Wir haben gesehen, wie sie mit allen ihren Bestandtheilen
und Zubehör dem Meier verpachtet wurde. Jetzt nutzte er sie
nach Kräften, er bebaute das Herrenland und hielt die Litonen
strenge zum Dienst. Ferner aber nahm er alle aus der Hörigkeit derselben entspringenden Leistungen und Abgaben entgegen.
Ueber diese Abgaben trafen nun die Villikationsverträge ver-
schiedenartige Bestimmungen. Bald musste sie der villicus ganz
an die Herren abliefern, bald durfte er sie sämmtlich oder zum
Theil für sich behalten. In letzterem Fall war natürlich die
pensio entsprechend höher[118]. Immer aber litten die Hörigen
schwer unter der Neuregelung des Verhältnisses zwischen Herr
und villicus. Der villicus hatte jetzt ein eigenes Herrschaftsrecht
über sie, das er gerade, weil es durchaus prekär und von kurzer
Dauer war, schonungslos in seinem Interesse ausnützte und durch
Bedrückungen aller Art möglichst gewinnbringend zu gestalten

-

---

[118] Vgl. Wigand, Paderborn II S. 183, vgl. Archiv für Geschichte
Westfalens III (1828), Heft 1, S. 91. Vgl. Kindlinger, Urk. No. 20ᵃ, 44,
56ᵃ, 76, 77. Kalenberger Urkundenbuch ed. Hodenberg, Abth. 9 (Wunstorf), Urk. No. 53 (dd. 1301).

suchte. Um diesem Unfug zu steuern, trennten die Herren den
Herrenhof mit dem Salland von der übrigen Villikation, vermeierten
die curia und das Salland allein an den Villikus und gaben ihm
nur das Recht, einen mässigen festbestimmten Frondienst zur Bestellung des Herrenackers von den Laten zu fordern [119]. Wahrscheinlich waren im Jahr 1225 sämmtliche Villikationen des Klosters
Korvey in dieser Art getheilt [119]. Der ritterliche Meier war jetzt
zum ausschliesslichen Landwirth geworden. Er entrichtete eine
bedeutende Abgabe, meist eine Quote des Ertrags und konnte
jeder Zeit vom Gut entfernt werden. Diese Regelung des Verhältnisses scheint zum Vortheil der Herren ausgeschlagen zu sein.
Im 13. und 14. Jahrhundert war die Vermeierung der Herrenhöfe
an ritterliche Ministerialen durchaus gewöhnlich, wir hören keine
Klage mehr darüber.

Aber desto schlimmer stand es um die Verwaltung der Villikationen selbst. Hier wirkten die verschiedensten Umstände zusammen, um sie immer schwieriger und unergiebiger zu gestalten.

Vor allem war der Bezirk der Villikation zugleich fast immer
eine Immunität, d. h. in diesem Gebiet gewährte der Staat keinen
Schutz, der Immunitätsherr musste sich eine eigene Polizei und
eigene Richter halten [120]. Diese beiden Funktionen übernahm der
Vogt, ein benachbarter Fürst oder Herr, jedoch nicht unentgeltlich. Er erhob entweder persönlich von den Laten der Villikation
Abgaben oder Frondienste, oder aber er verlangte von dem Villi-
kations- und Immunitätsherrn Antheil an den Leistungen der Laten,
besonders an Bedemund und Baulebung [120].

Dabei war die Vogtei in der Mehrzahl der Fälle Lehn geworden, d. h. der Vogt hatte ein erbliches dingliches Recht auf

---

[119] Vgl. Kindlinger, Hörigkeit, Urk. No 14 und 21. Wigand, Paderborn II S. 183.
[120] Vgl. Lüntzel, Lasten S 90, 111, 113. Strube, Observationum iuris
et historiae Germanicae decas, Hannover 1769, No. 9. Grupe, Disceptationes
forenses S. 1035—1037. Harenberg, Historia ecclesiae Gandersheimensis
diplomatica 1734, S. 784.

die Vogtei über die Immunitätsbezirke, er konnte nicht wie der
Meier einfach abgesetzt werden, wenn er sein Amt zum Nachtheil des Herrn verwaltete [120].

Daher übten die Vögte ihre Gewalt völlig ungestört aus,
bedrückten die ihrem Schutz anvertrauten Laten besonders durch
Abgaben, die sie ihnen unmittelbar auferlegten und schädigten
hierdurch auch die Villikationsbesitzer in der empfindlichsten
Weise.

Zu diesem Druck der Vögte kam die Schwierigkeit, die
Villikation zu verwalten, nachdem der Meier sich als untauglicher
Beamter gezeigt hatte und mit dem Fronhof aus der Villikation
eliminirt worden war. Man sieht zwar deutlich, dass die Herren
noch einmal den Versuch der eigenen Verwaltung machten, aber
er konnte nur bei besonders günstiger, d. h. geschlossener Lage
der Villikationen und unter sonstigen glücklichen Verhältnissen
gelingen.

Der Hauptgrund aber, weshalb eine Villikation ein immer
unerfreulicherer Besitz wurde, lag in der Verfassung der Villikation selbst, die sich schon damals überlebt hatte und völlig
unzeitgemäss geworden war.

Die Litonen waren wirthschaftlich zu Eigenthümern ihrer
Lathufen geworden, der geringe vor Jahrhunderten festgesetzte
und seitdem kraft Hofrechts nicht erhöhbare Zins bildete schon
längst kein angemessenes Aequivalent für die Nutzung des Bodens
mehr, die häufige Festsetzung in Geld hatte ihn vollends zur
Rekognitionsgebühr gemacht [121]. Von einem Heimfall der Lathufe war keine Rede mehr, seitdem massenhafte Wechselverträge
fast alle vorkommenden Ehen der Laten im Sinne des Hofrechts
legitim gemacht hatten.

Auch das Erbrecht des Herrn an der Fahrhabe hatte aus

---

[121] Vgl. Note 89. Vgl. v. Hodenberg, Bremer Geschichtsquellen 1856
bis 1859. Stader Copiar S. 5, 26, 83. Abgaben der villa Eggestede. Ebenso
Stüve, Lasten des Grundeigenthums S. 41.

diesem und aus anderen Gründen mancherlei Beschränkungen er-
litten. Jedoch waren Bedemund und Baulebung noch immer die
wichtigsten der Villikationsgefälle, weshalb auch die Vögte, namem-
lich in späterer Zeit sich Antheil an ihnen ausbedungen, wenn
sie es nicht vorzogen, von den Immunitätseingesessenen besondere
Schutzgelder, Vogthafer oder Frondienste zu erheben[122].

Die ersten Symptome einer beginnenden Aenderung der
ganzen Verfassung sehe ich in den massenhaften Ankäufen oder
vielmehr Rückkäufen der Vogteien über die Villikationen. Sie
fanden während des 11. und besonders im 12. und zu Beginn des
13. Jahrhunderts statt[123] und waren in Niedersachsen sehr häufig,
seltener dagegen in Westfalen[123].

Aber diese Ablösung der Vogteien war gewissermassen nur
die Vorbereitung für die gewaltige Revolution, welche die Villi-
kationsherren beabsichtigten, nämlich für die Auflösung der Villikationsverfassung selbst. Am Ende des 12. Jahrhunderts beginnt
in Niedersachsen, etwas später in Westfalen, die bewusste Zer-
störung der Villikationen[124]. Diese grösste Umwälzung, welche
die ländliche Verfassung Nordwestdeutschlands jemals erlebt
hat, muss sich in Niedersachsen mit grosser Schnelligkeit vollzogen haben, denn schon der im zweiten Viertel des 13. Jahrhunderts entstandene Sachsenspiegel steht völlig auf dem Boden
der durch die Umwälzung neu geschaffenen Verhältnisse. Zwar
wurden die Villikationen in dieser Zeit nicht sämmtlich auf-

---

[122] Vgl. Note No. 120.
[123] Vgl. über Niedersachsen Lüntzel, Lasten S. 90—111. Derselbe,
Geschichte der Diöcese und Stadt Hildesheim II S. 6—15. Kalenberger
Urk.-Buch ed. Hodenberg Abth. III (Loccum) No. 335ᵃ und 336. Scheidt,
Codex diplomaticus zu v. Mosers Staatsrecht 1739, No. 71, 91ᵃ, 91ᵇ, 91ᶜ,
91ᵈ, 91ᵉ, 92ᵃ⁻ᵈ, 93—96. Ueber Westfalen Kindlinger, Hörigkeit, Urk. No. 22.
[124] Vgl. Wigand, Paderborn II S. 183ff., 247ff. bis 269. Archiv für
Geschichte Westfalens, Bd. I, Hanau 1826, Heft 4 S. 56ff., desgl. Bd. IV
(1831) S. 297. Ueber Niedersachsen vgl. Stüve, Lasten des Grundeigenthums
S. 41 und 42. Derselbe, Wesen und Verfassung der Landgemeinden in
Niedersachsen und Westfalen S. 37 und 38—40. Grupe, Disceptationes
forenses S. 1070ff.

gelöst. Eine grosse wirthschaftliche Revolution zerstört die dem
Untergang geweihte Wirthschaftsverfassung niemals im ersten
Anprall so sehr, dass keine Spur mehr davon zurückbleibt, sondern der neue Wirthschaftsorganismus setzt sich vermöge seines
ersten siegreichen Vordringens nur gleichberechtigt neben den
alten, dann aber erlahmt er scheinbar an dem grossen Wider-
stand des Bestehenden, und beide dauern oft lange Zeiträume
hindurch nebeneinander, der eine lebenskräftig sich entwickelnd,
der andere langsam absterbend aber noch nicht völlig todt. Und
während dieses Dahinsiechens kann die alte Form wieder neue
Lebenskraft empfangen, entweder durch andere ausserhalb der
wirthschaftlichen Entwicklung stehende Einflüsse, oder aber indem
sie sich selbst mit dem Inhalt erfüllt, welcher die neue Form
gebildet und ihr zum Sieg verholfen hat.

So blieben in Niedersachsen viele, in Westfalen sogar der
grössere Theil der Villikationen bestehen, aber die neue Verfassung trat gleichberechtigt neben sie und verdrängte in Niedersachsen im Lauf des 14. und 15. Jahrhunderts die Villikationsverfassung bis auf geringe Ueberbleibsel [124].

Wie ist nun die alte Verfassung vernichtet worden, wie die
neue gebildet worden?

Wir erinnern uns daran, dass die Hörigkeit der Laten den
Grundpfeiler der ganzen Villikationsverfassung bildete. Kraft der
Hörigkeit besass und bewirthschaftete der Late das Gut, kraft
der Hörigkeit war er an die Scholle gebunden, kraft der Hörig-
keit bezahlte er geringe nicht erhöhbare Abgaben, kraft der
Hörigkeit erhob der Herr Bedemund und Erbtheil von gesessenen
Laten und ungesessenen Laten.

Die Hörigkeit aber brachte dem Herrn jetzt weniger Vortheil als Nachtheil. Wegen ihr konnte er das Gut nicht nach
Belieben nutzen, wegen ihr den Zins nicht erhöhen. Von dem
ganzen verwickelten System von Abgaben und zufälligen Leistungsverpflichtungen, die für eine vergangene Wirthschaftsepoche und
vor allem für die Erhaltung einer patriarchalischen Herrenfamilie,

die auf der Villikation wohnte, berechnet waren, hatte er nur
Aerger und Schaden, aber keinen erheblichen Nutzen mehr. So
legte er denn die Axt an den Grundstock alles Uebels an die
Hörigkeit und liess die Litonen frei. Durch diese Freilassung
fielen zwar alle ihre Pflichten, aber auch alle ihre Rechte weg.
Und dermassen waren diese Rechte werthvoller geworden, als die
Pflichten, dass der Herr in den meisten Fällen den Verzicht auf
die Rechte der Hörigkeit seinen Litonen noch abkaufen musste.
Er gab ihnen die Freiheit und ein Stück Geld dazu. Dann aber
war sein Ziel erreicht, die Lathufe war ab omni gravamine
litonum befreit und in sein freies unmittelbares Eigenthum zu-
rückgekehrt[125]. Der Late aber war ein freier jedoch landloser
Mann geworden, er hatte kein Eigen mehr im Land. Er steckte
das erhaltene Geld in die Tasche, bepackte seinen Wagen mit
seinem Hausgeräth und zog mit seinem Vieh und seiner Familie
von dem Hof hinweg, den seine Vorfahren seit Generationen
unter dem Schutz des Hofrechts besessen hatten[126]. So hatte
der Herr seine Latbauern in völlig gesetzlicher Form gelegt, das
Dorf war entvölkert[127], nur auf dem Herrenhof sass noch der
ritterliche Ministeriale zu Meierrecht, er musste jetzt eigenes Gesinde und Zuchtvieh halten, um die weggefallenen Frondienste der
Laten zu ersetzen.

[125] Vgl. über solche Absetzungsverträge Lüntzel, Geschichte der Diöcese
und Stadt Hildesheim, Bd. II S. 212. Urk.-Buch des historischen Vereins
für Niedersachsen, Heft II (Walkenried 1852, No. 117 (dd. ca. 1221). Geschichtsquellen der Provinz Sachsen, Bd. IV (1874), Kloster Stoetterlingenburg No 18. Urk.-Buch des Kl. Ilsenburg (Geschichtsquellen der P. Sachsen,
Bd. VII 1 und 2), No. 53, 115. Grupe, Disceptationes forenses S. 1026 und
1027. Lüntzel, Lasten S. 80—82. Besonders aber Leyser, Observata histo-
rica de litonum absolutione, Helmstädt s. a. S. 3—5.

[126] Vgl. Ssp. ed. Homeyer, Lib. III Art. 45, § 6 und das Bild dazu,
„der Landsasse sitzt auf einem Wagen." Der freigelassene Eigen- oder
Dienstmann erhält freier Landsassen Recht, Lib. I Art. 16, § 1 und Lib. III
Art. 80, § 2.

[127] Vgl. Stüve, Landgemeinden S. 39—41. Hodenberg, Bremer Geschichtsquellen Stader Copiar S. 5, 26, 85.

An diesem hatte der Herr in der letzten Zeit Freude erlebt, es war aus einem diebischen Beamten ein redlicher Pächter geworden, zahlte eine hohe Abgabe, die er womöglich selbst auf eigene Gefahr bis zum Sitz des Herrn schaffen musste und konnte bei eventuell schlechter Wirthschaft oder Zinsrückstand augenblicklich abgesetzt werden. Was war natürlicher, als dass der Herr sich vornahm, seine freigewordenen Lathufen zu demselben Recht auszuthun, sie zu vermeiern. Denn er musste sie wieder zu Zins vergeben, von einer Eigenwirthschaft konnte nach den mit dem Meier gemachten Erfahrungen keine Rede mehr sein. Höchstens die Cistercienser, welche die eigene Landwirthschaft kraft ihrer Ordensregel betrieben, führten hie und da eigenen Ackerbau auf ehemaligen Lathufen [128].

In der Regel aber gab der Herr die ehemaligen Lathufen an freigelassene Litonen zu Meierrecht, nicht an die eigenen, denn diese waren wegen ihrer erst seit kurzer Zeit erloschenen Beziehungen noch zu gefährlich für ihn, aber an fremde, etwa die Freigelassenen eines benachbarten Herrn, der ebenfalls seine Villikation aufgelöst hatte. Auch hütete der Herr sich wohl, Güter zu Meierrecht an eigene oder fremde ungesessene Laten auszuthun, denn einerseits konnte der Late, wenn der Herr des Landes sein Leibherr war, eigene Rechte an das Land geltend machen [129], andererseits konnte der fremde Herr aus seinem Recht an die Person des Laten Ansprüche auf das Gut herleiten oder wenigstens durch Forderung starker Leibeigenschaftsabgaben dessen wirthschaftliche Leistungsfähigkeit schwächen [130].

---

[128] Vgl. Kalenberger Urk.-Buch Abth. III (Loccum), No. 333 und 334 und Strube, De iure villicorum S. 44.

[129] Vgl. Sudendorf, Urkundenbuch der Herzöge von Braunschweig-Lüneburg, Bd. IX S. 48 ff. (Urk. de 1224).

[130] Vgl. die Unterweisung zum Anfertigen von Meierbriefen de 1490, Art. 55 und 56 bei Gesenius, Meierrecht, Bd. I, Beilagen S. 10. Aehnlich bei der Vogtei über einen Meier, die auch aus der Leibherrschaft über denselben entspringen konnte, vgl. Richtsteig, Lehnrechts Kap. 31, § 2. (Homeyer, Sachsenspiegel, Bd. II S. 538)

Das Meierrecht war zwar seiner Entstehung nach ein Vertrag des Hofrechts d. h. zwischen Herrn und Ministeriale. Aber durch die Verwandlung des Mandats in eine reine Zeitpacht war jeder innere Grund für eine persönliche Beziehung zwischen Herr und Meier weggefallen. Die überwältigende Anzahl der Kontrahenten freien Standes, die alle ihre Ansprüche nur im Gohding verfolgten und verfolgen konnten, machte das Verhältniss in kurzer Zeit zu einem landrechtlichen Vertrag, wie wir ihn zu Anfang dieser Untersuchung gefunden haben. Freilich hat sich ein zu Anfang dieser Untersuchung gemachter Schluss als unrichtig erwiesen. So sicher das Meierrecht ein landrechtlicher Vertrag wurde, so sicher die bäuerlichen Meier faktisch freie Leute waren, so ist doch die Folgerung von der im 13. Jahrhundert bestehenden Natur dieses Kontrakts auf seine landrechtliche Entstehung und ferner die Folgerung, dass in einem solchen landrechtlichen Vertragsverhältniss nur persönlich freie Leute haben stehen können, wenigstens juristisch eine unrichtige gewesen. Der Meierkontrakt ist im Hofrecht entstanden und erst vermöge der rein faktischen Thatsache, dass die Mehrzahl der Meier freie Leute waren, ins Landrecht übergegangen. Ferner war es juristisch möglich und kam auch vor, dass ungesessene Laten im Meierverhältniss standen, ihre Hörigkeit hinderte sie de iure so wenig in diesem wie an jedem anderen landrechtlichen Geschäft [131]. Also thatsächlich ist der Kausalnexus gerade umgekehrt gewesen: Nicht weil das Verhältniss ein landrechtliches gewesen ist, waren die Meier frei, sondern weil die Meier frei waren ist das Meierverhältniss zum landrechtlichen geworden. Ich habe den Schluss am Anfang trotz seiner Fehlerhaftigkeit beibehalten, denn er hat uns zur Annahme einer wichtigen Thatsache geführt: Der Meier musste nicht logischer Weise frei sein, aber er war es faktisch in der Regel. Die Ur-

---

[131] Vgl. Note 129. Kalenberger Urk.-Buch Abth. 1 (Barsinghausen), No. 38 (dd. 1250—1260). Lüntzel, Lasten S. 65, 105.

sache des Fehlers aber liegt in der falschen Formulirung der
Begriffe Hörigkeit und Freiheit bezw. Hofrecht und Landrecht.
Der Hörige stand als solcher nicht rechtlich ausserhalb des
Landrechts, sondern nur faktisch. Ein landrechtlicher Vertrag
konnte rechtlich sehr gut zwischen Laten bestehen, nur waren
landrechtliche Verträge über Grundeigenthum mit Laten deshalb
selten, weil der gesessene Late es nicht nöthig hatte, kraft Landrechts über Grundeigenthum zu kontrahiren, der ungesessene Late
aber gerade wegen seiner Hörigkeit dem Grundherrn mancherlei
Nachtheile verursachen konnte.

Wir müssen also unseren Schluss am Anfang folgender-
massen formuliren: Finden wir im Mittelalter in Niedersachsen
und Westfalen Bauern in einem landrechtlichen Zeitpachtver-
hältniss hinsichtlich ihres Bauerngutes, so ist die hohe Wahrscheinlichkeit vorhanden, dass diese Bauern freie Leute sind; denn
gesessene Hörige haben ihr Gut unter günstigeren Bedingungen
zu Hofrecht inne, ungesessene Hörige aber werden nur ungern
als landrechtliche Pächter angenommen.

Unsere Untersuchung ist in der Hauptsache zu Ende. Wie
sich das Meierrecht als bäuerliches Besitzrecht gestaltete, haben
wir im ersten Theil dieser Abhandlung gesehen, wie es sich zu
einem erblichen dinglichen Nutzungrecht umwandelte, und welchen
Einfluss es auf die Villikationsverfassung besonders in Westfalen
ausübte, soll eine spätere Abhandlung zeigen.

Fassen wir unsere Ansicht über die Entstehung des Meierrechts noch einmal in kurzen Worten zusammen: Es ist aus dem
Dienstauftrag (Mandat) des ritterlichen Ministerialen dadurch
entstanden, dass dieses Mandat sich in eine Zeitpacht verwandelte.
Die hof- oder dienstrechtliche Zeitpacht an der Villikation wird
zu einer hofrechtlichen Zeitpacht an dem Herrenhof und dann
nach Auflösung der Villikation und Freilassung der Laten dadurch zur landrechtlichen Zeitpacht, dass die freigelassenen Laten
die freien Landsassen des Sachsenspiegels die ehemaligen Lathufen zu Meierrecht (an Meigers statt) erhalten.

Nun noch einige Worte über die wirthschaftlichen und socialen Begleiterscheinungen und Folgen dieser Auflösung der Villikationen und die Neuverleihung der Güter zu Meierrecht. Vor allem erhielt der Herr eine grössere Abgabe und zwar eine bedeutende Getreidepacht, die der Meier an den Hof des Herrn bringen musste [132]. Wichtiger ist, dass die Herren nicht die einzelnen Lathufen mit allen Nutzungsberechtigungen wie bisher an je einen Bauer gaben, sondern dass immer mehrere Hufen zu einem Meierhof vereinigt und dieses grössere Gut vermeiert wurde [133]. Es entstand also bei der Neuordnung eine Verminderung und Vergrösserung der Betriebe. Damals bezw. in den beiden nächsten Jahrhunderten bildete sich der niedersächsische, mehrhufige Grossbauernhof jedesmal bei Auflösung der Villikationen und Neueinführung des Meierrechts. Dadurch, dass man mehrere Ackerhufen der alten Latgüter zu einem Meierhof zusammenschweisste, wurden selbstverständlich viele areae, Hausplätze oder Worden, die zu den einzelnen Lathufen gehört hatten, frei, denn man brauchte dem neuen Meierhof höchstens zwei der alten areae zum Hausplatz zu geben. Auf diesen überflüssigen Hausplätzen der Lathufen siedelte man in späterer Zeit Bauern zu Meierrecht an. Diese hatten also begrifflich nur einen Hausplatz, eine Kothworde ohne Hufe, weshalb man sie kurzweg Köther nannte [134]. So entstand die Differenzirung der niedersächsischen und westfälischen bäuerlichen Bevölkerung in grosse und kleine Bauern, Meier und Köther, direkt in Folge der

---

[132] Vgl. Lüntzel, Lasten S. 117—128. Stüve, Lasten S. 41—42. Grupe, Disceptationes forenses S. 1054. Grimm, Weisthümer, Bd. IV S. 685 ff. Bremer Urk.-Buch ed. Ehmke-Rippen, Bd. II No. 634 und I No. 545. Bremer Geschichtsquellen ed. Hodenberg, Stader Copiar S. 4—13. Liber II des Stader Copiars S. 26—29, 31, 32, 82—89.

[133] Vgl. Stüve, Lasten S. 41, derselbe, Landgemeinden S. 36 ff. v. Hodenberg, Bremer Geschichtsquellen Stader Copiar S. 5, 26, 85.

[134] Vgl. Stüve, Landgemeinden S. 37 und 38, 48. Wittich, Ländliche Verfassung Niedersachsens und Organisation des Amts im 18. Jahrhundert 1891, S. 56 ff., 59.

Auflösung der Villikationsverfassung und der Einführung des
Meierrechts. Nun erhebt sich die Frage: Weshalb verminderte
und vergrösserte man denn eigentlich die Betriebe bei der Vermeierung? Eine Antwort lautet: Weil die landwirthschaftliche
Technik so weit fortgeschritten war, dass man zu einer Vergrösserung der Betriebe übergehen konnte. Der Deutsche, der
ja in derselben Zeit über die Elbe zog und dem noch halb-
barbarischen Slaven, der mit dem hako pflügte, das aratrum brachte,
war seit der prähistorischen Landtheilung zu Hufen von 30 Morgen
gewaltig in der Kunst den Acker zu bestellen fortgeschritten.
Aber es giebt noch eine andere Antwort auf diese Frage, nämlich die Grundherren hatten deshalb die Betriebe vermindert und
vergrössert, weil sie zu wenig Meier hatten, die sie von ihnen
pachten wollten.

Der gelegte Litone, der neue Landsasse war weggegangen
von dem harten Herrn, der ihn häufig genug wider seinen Willen
aus der freundlichen Gewohnheit des Latenthums in die magere
Landsassenfreiheit gestossen hatte. Er war in die mächtig auf-
blühenden Städte gewandert, oder aber er hatte seinen Wagen
über die Elbe gelenkt in das Kolonisationsland, wo ihm das hohe
Gut, das er in der Heimath verloren hatte, ein erbliches dingliches Recht auf einen Bauernhof im Verein mit der Freiheit winkte.
Gerade im 13. Jahrhundert zeigen die Städte Niedersachsens
einen gewaltigen Aufschwung, fast alle ihre Stadtrechte stammen
aus dieser Epoche[135]. Ich glaube man wird nicht fehlgehen, wenn
man dieses Aufblühen in direkte Beziehung zur Mobilisirung des
umgebenden Landvolkes durch die Auflösung der Villikationen
setzt. Die Freilassung der gesessenen Laten hat ganz ähnlich
wie die Einführung der Freizügigkeit in heutiger Zeit auf die
Entwicklung der Städte gewirkt.

Die Besiedlung des Ostens vollends, die ja in der Haupt-

---

[135] Vgl. die Zusammenstellung bei Gesenius, Meierrecht, Bd. I S. 331
bis 337.

sache durch Ansiedler niedersächsischer und westfälischer Her-
kunft erfolgte, ist meines Erachtens ohne die Entstehung der
wandernden Landsassen gar nicht denkbar. Wenn die Freilassung
in der Heimat mit augenblicklicher Ansetzung zu Erbzinsrecht
verbunden gewesen wäre, so hätte es sich kein niedersächsischer
oder westfälischer Bauer einfallen lassen, auszuwandern. Nicht
Wanderlust, sondern Noth bewegte damals die Massen zum
Wandern, und, weil er als Late nicht mehr sitzen konnte und zu
der leicht löslichen und drückenden Zeitpacht nicht sitzen wollte,
deshalb zog der sächsische Bauer einer ungewissen und mühe-
reichen Zukunft im fernen Slavenlande entgegen.

Das Wiener Zunftwesen.

Von

Franz Eulenburg (Berlin).

II*).

---

3. Die Neuordnung des Gewerbewesens im 16. Jahrhundert.

Das Handwerksleben vollzog sich doch in bei weiten anderen Formen als die Statuten an sich oft vermuthen lassen. Viele Dinge wurden eben als „Gewohnheiten" niemals rechtlich aufgezeichnet, hatten aber darum nicht minder Geltung, als wenn sie in den offiziellen Satzungen gestanden. Dazu gehörten in

---

*) S. I. Band S. 264—317.

Sonder - Abdruck

aus den

Göttingischen gelehrten Anzeigen

unter der Aufsicht

der Königl. Gesellschaft der Wissenschaften.

Berlin,

Weidmannsche Buchhandlung.

Wittich, W., Die Grundherrschaft in Nordwestdeutschland. Leipzig, Verlag von Duncker & Humblot, 1896. 461 u. 143* S. Preis 13 Mark.

Kaum irgendwo bleibt für die Erforschung der Verfassungs-,
Verwaltungs- und Wirtschafts-Geschichte mehr zu tun als auf dem
Gebiet der territorialen Geschichte des 16.—18. Jahrhunderts. In
dem vorliegenden Buche (das durch die Schuld des Referenten hier
sehr verspätet zur Anzeige gelangt) haben wir einen überaus wert-
vollen Beitrag zur Aufklärung dieser Verhältnisse erhalten. Es ist
aber charakteristisch, daß hiervon bisher nur verhältnismäßig wenig
die Rede gewesen ist, während eine mehr nur nebenbei geäußerte
Meinung des Verfassers über die ständischen Verhältnisse der deutschen Urzeit schon das größte Aufsehen erregt hat. Allerdings handelt es sich dabei um etwas sehr wichtiges. Indessen kaum geringere Wichtigkeit wird auch dem Hauptthema des Buches beizumes-
sen sein. Der Unterschied ist nur der, daß das rechte Interesse für
die Probleme der späteren Jahrhunderte noch nicht erwacht oder
wenigstens noch nicht genügend verbreitet ist. Bezeichnend sagt
ein Referent, durch Wittichs Buch sei (in seinem Hauptteile) »die
Lehre vom Meierrecht erheblich vertieft« worden. Ganz richtig!
W. hat in der Tat dies Verdienst. Aber nicht blos dies Verdienst:
was er über das Meierrecht und die damit im Zusammenhang stehenden Verhältnisse ausführt, das ist ein Ereignis!

Um zunächst über die äußere Oekonomie des Buches ein Wort
zu sagen, so zerfällt die Darstellung in zwei Abschnitte: »Die länd-

liche Verfassung Niedersachsens und der westfälischen Gebiete Kurhannovers im 18. Jahrhundert‹ und ›Die Geschichte der Grundherrschaft‹ (vom 11. bis ins 19. Jahrhundert). W. schlägt also, wie
hieraus ersichtlich, das Verfahren ein, zunächst den Zustand eingehend zu schildern, dessen Entwicklung er nachher erörtert. Es
sind dann weiter sechs ›Anlagen‹ beigegeben, die mit Ausnahme der
letzten sämtlich für einzelne Sätze der Darstellung aktenmäßiges Be-
weismaterial an die Hand geben. Die sechste Anlage greift darüber
hinaus: sie ist der Frage des Ursprungs der Grundherrschaft gewidmet. Eben sie ist es, die W.s Buch zu einem allgemein genann-
ten gemacht hat. Er vertritt darin die Ansicht, daß die freien Ger-
manen in der Zeit des Tacitus nicht Bauern gewesen seien, sondern
Grundherren, deren Existenz auf den Abgaben fremder Leute be-
ruhte. Wir wollen hier nicht bei diesem Problem verweilen, da in
kurzem eine Auseinandersetzung von Brunner mit ihm erscheinen
wird [1]), sondern uns auf den eigentlichen Gegenstand der Ausführungen W.s beschränken. Nur das sei bemerkt, daß selbst dann, wenn
die Forschung W. hinsichtlich der Lösung jenes Problems gar kein
Verdienst zuerkennen kann, der Wert des Buches im wesentlichen
anerkannt bleiben muß. —

Zu den schönsten wissenschaftlichen Entdeckungen der letzten
Jahre gehört die Aufklärung der gutsherrlich-bäuerlichen und der
grundherrlich-bäuerlichen Verhältnisse in Deutschland und der Geschichte ihrer Beseitigung, die wir G. F. Knapp und seinen Schülern
verdanken. Es lag hierüber auch schon früher manche treffliche
Arbeit vor, und die Forschung wird noch weiterhin vieles zu berich-
tigen und festzustellen haben. Aber die Arbeiten jener Gelehrten
bilden doch in der Geschichte unserer Erkenntnis einen überaus be-
deutsamen Markstein. Wir verdanken ihnen eine ganz neue Anschauung von dem Wesen der Grund- und der Gutsherrschaft und
dem Prozeß ihrer Entwicklung. Ihre Studien begannen mit den Landschaften des Ostens, d. h. dem Gebiet der Gutsherrschaft. Vor allem
ist hier zu nennen das grundlegende Werk von G. F. Knapp: Die
Bauernbefreiung in den älteren Teilen Preußens (1887). Ihm schlos-
sen sich (um nur die namhaftesten zu erwähnen) die Arbeiten von
Fuchs, v. Transehe, Grünberg über Neuvorpommern, Livland, Oester-
reichisch-Schlesien, Böhmen, Mähren an. Nun war aber noch der
große Schritt der Erforschung der Verhältnisse des Westens, des Ge-

1) Von denen, die sich bisher ablehnend gegenüber W's Ansicht ausgespro-
chen haben, seien erwähnt: L. Erhardt, Histor. Ztschr. 79, S. 292 ff.; R. Kötzschke,
Deutsche Ztschr. f. GW., N. F. II, S. 269 ff.; A. Meitzen, Deutsche Litteraturzei-
tung 1897, Sp. 1900 ff.

bietes der Grundherrschaft, zu tun. Dies Verdienst hat sich in erster Linie Wittich, eben durch das hier anzuzeigende Buch, erworben[1]). Die Landschaften, die er untersucht, sind Niedersachsen und die westfälischen Teile Kurhannovers. Er hat hierfür ein außerordentlich umfangreiches gedrucktes und archivalisches Material durchforscht. Den gewaltigen Stoff giebt er in einer verhältnismäßig kurzen Darstellung wieder. Seine Schreibweise ist gedrängt; jede Seite birgt eine Fülle von Inhalt. In Folge der Präcision und Klarheit, die er damit verbindet, ist seine Darstellung aber doch lesbar. Ebenso formell wie sachlich kommt es seiner Arbeit zu gute, daß er eine treffliche juristische Schulung besitzt.

Von dem Inhalt des Buches hat Knapp ein klassisches (übrigens selbständiger Zutaten nicht entbehrendes) Referat gegeben, das in der Histor. Ztschr. Bd. 78, S. 39 ff. und dann wieder in seiner Arbeit >Grundherrschaft und Rittergut« (1897), S. 79 ff. unter dem gleichen Titel wie Wittichs Buch veröffentlicht worden ist[2]). Indem wir darauf verweisen, begnügen wir uns, das Wichtigste anzudeuten. Im Osten erfolgt die Bauernbefreiung am Anfang des 19. Jahrhunderts. In Nordwestdeutschland ist ein großer Teil dieser Arbeit weit früher getan worden. Durch die Begründung des Meierrechts, die schon in das Mittelalter fällt, war nämlich dem Bauern als einem Freien Land übertragen worden. Allerdings war der Meier nur Pächter, und der Grundherr hätte wohl die Neigung gehabt, egoistisch gegen ihn vorzugehen. Indessen der Staat nahm sich des Meiers an, weil er ihn für die staatlichen Anforderungen leistungsfähig erhalten wollte. Darum verhinderte er, daß der Meierzins gesteigert wurde, und verschaffte, bereits im 16. Jahrhundert, dem Meier ein Erbrecht an seinem Gut. Im Laufe der Zeit verstärkt der Staat seinen Einfluß noch mehr, insbesondere im Zusammenhang mit der weiteren Ausbildung der Steuerverfassung. Diese wirkt überhaupt bei der Differenzierung der ständischen Gruppen sehr bedeutsam mit. Der Staat

---

1) Mit den Verhältnissen von Süddeutschland beschäftigen sich Hausmann, die Grundentlastung in Bayern (1892), und Ludwig, der badische Bauer im 18. Jahrhundert (1896). Vgl. ferner Darmstädter, die Befreiung der Leibeigenen in Savoyen, der Schweiz und Lothringen (1897). Die Frage, ob die Verhältnisse Südwestdeutschlands von denen des Nordwestens wesentlich abweichen, erörtere ich an dieser Stelle nicht. Sehr verdienstlich (für die Erforschung der Zustände Südwestdeutschlands) sind auch die Arbeiten von Th. Knapp (der nicht Schüler von G. F. Knapp ist). S. ein Verzeichnis derselben in meinem Art. Unfreiheit im Wörterbuch der Volkswirtschaft Bd. II.

2) Vgl. auch die agrarhistorischen Artikel von Fuchs im Wörterbuch der Volkswirtschaft Bd. I und desselben >Epochen der deutschen Agrargeschichte und Agrarpolitik« (Jena 1898).

übt ein Vormundschaftsrecht gegenüber dem Meier aus. Der Grundherr, ursprünglich unbeschränkter Eigentümer, bezieht nur noch
Renten. Diesen Zustand fand die Bewegung für Beseitigung aller
feudalen Abhängigkeitsverhältnisse am Anfang unseres Jahrhunderts
vor. Was hier zu tun blieb, griff bei weitem nicht so tief wie die
Maßregeln, die im Osten ergriffen werden mußten. Der Bauer hatte
mit dem Grundherrn ja gar nicht mehr so viel Beziehungen. Abhängig war er überwiegend vom Staat. Die staatliche Vormundschaft
blieb auch (bis Hannover im Jahre 1866 an Preußen kam) erhalten.

Das Bild der Entwicklung, das uns W. so schildert, ist an sich
überaus interessant und lehrreich. Erhöhte Bedeutung aber erhält
es dadurch, daß wir mit seiner Hilfe in den Stand gesetzt sind, die
Entwicklung des Ostens besser zu würdigen. Es ist zwar ein Irr-
tum, wenn man meint, durch die Vergleichung der Entwicklung ver-
schiedener Staaten oder Völker zu festen Entwicklungsreihen zu gelangen, die angeblichen ›Gesetze‹ ausfindig zu machen, nach denen
das Leben der Völker unabänderlich verläuft. Einen solchen Dienst
leistet die Vergleichung ganz und gar nicht. Wohl aber ist sie ein
vorzügliches Mittel, um das zu erkennen, was in einer Sache das
wesentliche ist, um zu beobachten, ob dies oder das Motiv wirklich
diese oder jene vermutete Wirkung hat. Und eben von dem Ge-
sichtspunkt aus stehen wir, nachdem uns Wittich den ersten klaren
Blick in die Entwicklung des Westens eröffnet hat, jetzt ganz anders
gegenüber den Problemen, die in der Agrargeschichte des Ostens
zu lösen sind. Umgekehrt fördert natürlich auch der Vergleich mit
den östlichen Verhältnissen unsere Erkenntnis der Fragen, die wir
hinsichtlich der Entwicklung Westdeutschlands zu beantworten haben.
W. hat bereits wiederholt von diesem Vorteil Gebrauch gemacht.

Indem ich mich zu Einzelheiten wende, knüpfe ich zunächst an
die letzten Bemerkungen an. Wie alle Gebiete des Westens, so
kennt auch das Hannöversche im allgemeinen nicht die großen Guts-
herrschaften. Nur wenig ist hier vorhanden, was sich mit diesen
vergleichen ließe. Da konstatiert nun W. die sehr bemerkenswerte
Tatsache, daß sich etwas der Gutsherrschaft ähnliches vorzugsweise
im Hannöverschen ›Wendland‹ findet (S. 6, 9 ff., 215). Damit erhalten wir wiederum einen Beleg für die Annahme, daß die Art des
Besitzes mit nationalen Verschiedenheiten zusammenhängt. Freilich
werden hierdurch die eigentlichen Ursachen der Erscheinung der
Gutsherrschaft noch nicht aufgedeckt. Aber es ist doch eine Direk-
tive gegeben. Natürliche Bedingungen des Bodens als Ursache anzunehmen (Wittich S. 10) ist nicht zulässig. Denn im Gebiete der
Grundherrschaft finden sich ebenso wie in dem der Gutsherrschaft

die verschiedensten Arten von Boden; Produkt der Fruchtbarkeit, oder Unfruchtbarkeit des Bodens kann also weder das eine noch das andere Institut sein. Es ist eine merkwürdige Tatsache, daß das Bild, welches man sich im Publikum von der Stellung der großen Landbesitzer in den älteren Zeiten macht, überwiegend von den Verhältnissen des germanisierten Ostens, nicht von denen Altdeutschlands abstrahiert ist [1]). Auch die wissenschaftlichen Kreise sind noch vielfach von diesen populären Anschauungen abhängig. Gerade in den letzten Jahren hat jedoch die Forschung ihre besondere Aufgabe darin gesehen, eine Vorstellung von dem wahren Sachverhalt zu vermitteln. Eben in dieser Richtung bewegen sich die Arbeiten der Knappschen Schule. Von Anfang an betonte Knapp, daß die große Gutsherrschaft nur dem Kolonisationslande und auch diesem erst etwa seit dem 16. Jahrhundert eigen ist. Einen besonderen Prüfstein für die Richtigkeit der Auffassung giebt die Bestimmung des Begriffs des Ritterguts ab. Die vulgäre Meinung denkt sich das Rittergut einfach als das sehr große Gut, bei dem das entscheidende das ausgedehnte Areal ist. Das Rittergut im historischen Sinne bedeutet indessen etwas ganz anderes. Ich habe selbst für Westdeutschland, speziell für den Niederrhein, Wesen und Entstehung des Ritterguts festzustellen gesucht (Jahrbücher für Nationalökonomie Band 64). Es ergab sich, daß das Wesen des Ritterguts in der Privilegierung lag und daß die Privilegien nicht an einem irgendwie bestimmten Gutskomplex, sondern an der Burg hafteten, die der Ritter besaß. Die Ausführungen Wittichs bestätigen meine Resultate für das von ihm untersuchte Gebiet. Die Rittergüter »waren vor allem privilegierte Güter, d. h. mit besonderen Freiheiten ausgestattete Herrensitze. ... Für den Begriff des Rittergutes allein entscheidend ist die staatsrechtliche Qualität seines Grundes und Bodens, nicht aber das mit ihm etwa verbundene Herrschaftsrecht« (S. 455). »Es ist für das Verständnis der ländlichen Verfassung Niedersachsens unumgänglich notwendig, die grundherrlichen Berechtigungen scharf von dem Rittergut zu unterscheiden. ... Nicht die grundherrlichen Berechtigungen, sondern die erwähnten Privilegien waren für das Rittergut begriffsbestimmend« (S. 5).

Man darf aber weiter gehen und auch für den Osten dasselbe annehmen. Man muß sich nur von der Vorstellung losmachen, daß der Zustand von heute — heute liegt ja allerdings, nachdem fast sämmtliche alten Privilegien beseitigt worden sind [2]), beim Rittergut

---

1) Ueber die Gründe s. meine landständ. Verf. III, 1, S. 4.
2) Vgl. meinen Art. »Rittergut« im Handwörterbuch der Staatswissenschaften, 2. Supplementband.

des Ostens das Wesentliche in der großen Ausdehnung — von jeher
im Osten bestanden habe. E. O. Schulze hat in seiner fleißigen und
gründlichen Arbeit ›die Kolonisierung und Germanisierung der Gebiete zwischen Saale und Elbe‹ (Leipzig 1896) auch dem Rittergut
einen besonderen Abschnitt gewidmet. Er zeigt sich von der populären Anschauung noch sehr abhängig. Er behauptet z. B. (S. 335):
›Nur in den östlichen Kolonialgebieten findet sich die eigenartige
rechtliche und wirtschaftliche Institution, die man unter dem Ausdruck 'Rittergut' schlechthin zu verstehen pflegt‹. Ja, wenn man
eine vulgäre Meinung ohne weiteres zur Grundlage der wissenschaftlichen Untersuchung macht! Der germanisierte Osten bildet ferner
doch nur den kleineren Teil Deutschlands. Wenn man wissen will,
welche Stellung das Rittergut in der deutschen Vergangenheit gehabt hat, so darf man das Beobachtungsmaterial doch nicht so sehr
beschränken, am wenigsten sich nur nach den Verhältnissen der Neu-
zeit orientieren. Das ganze Deutschland soll es sein. ›Die gemein-
samen Merkmale (zwischen den Rittergütern des Ostens und denen
des Westens)‹ — sagt Schulze (S. 334) weiter —, ›welche die gleiche
Benennung zu rechtfertigen scheinen, sind im Grunde mehr äußerlicher Art, selbst in der rechtlich-politischen Stellung der Besitzer‹.
In dem ›rechtlich-politischen‹ Moment liegt ja gerade das Wesen!
Mit dem Ausdruck ›äußerlicher Art‹ werden jene Merkmale viel zu
gering geschätzt. Sind denn Landstandschaft, Steuerfreiheit, Jagd-
recht u. s. w. nebensächliche Dinge? Wenn wir uns die inneren
Verhältnisse der alten Territorien vergegenwärtigen, so erhalten wir
den Eindruck, daß sie gerade durch diese Merkmale ihr charakteri-
stisches Gepräge erhalten, und es handelt sich dabei um eine Verfassung, die den west- und ostdeutschen Territorien gemeinsam ist.
Freilich bestehen nun auch — nehmen wir etwa das 16. Jahrhundert
an — große Unterschiede, in der Ausdehnung der Hofländerei, in
der Art der bäuerlichen Abhängigkeitsverhältnisse. Es wäre jedoch
die Frage, was, etwa im 16. Jahrhundert, mehr ins Auge fiel, die
übereinstimmenden oder die trennenden Momente. Es ist hier daran
zu erinnern, daß die heutige ländliche Verfassung der östlichen Provinzen zum größten Teil erst Produkt der letzten Jahrhunderte ist.
Schulze legt dies selbst an anderer Stelle eingehend dar und sagt
einmal sehr richtig (S. 334): ›das Rittergut 'wurde' zu einer wirtschaftlichen Unternehmung‹. Es kommt für uns ja aber darauf an
zu bestimmen, was es war, ehe der Prozeß der neueren Jahrhunderte
eintrat. Sodann müßte Schulze nachweisen, daß diejenigen Merkmale, die er als wesentlich ansieht — das große Areal und ein bestimmtes Verhältnis zu abhängigen Bauern —, in der älteren Zeit

wirklich als integrierende Bestandteile des Rittergutes angesehen worden sind. Diesen Nachweis ist er schuldig geblieben. Seine weiteren, übrigens sehr reichhaltigen Mitteilungen (z. B. über die Bedeutung der Burgen) beweisen vielmehr auch für den Osten in den Hauptpunkten die Richtigkeit der Resultate, die ich für den Niederrhein gewonnen habe. Es liegt ja für den, der in den Verhältnissen des Ostens aufgewachsen ist und seine Beobachtungen auf sie konzentriert, sehr nahe, das Rittergut auch im historischen Sinne als großes Gut zu fassen. Allein hier gilt das vorhin gesagte: durch das Mittel der Vergleichung erkennt man, worin das Wesen einer Institution besteht. Bei der Erforschung der östlichen Verhältnisse wird der Blick geschärft durch die vergleichende Heranziehung der westlichen. Endlich noch ein Wort zu den Ausführungen Schulzes. »Die wirtschaftliche und rechtliche Seite scharf zu trennen ist bei der steten engen Wechselwirkung zwischen beiden nur möglich, wenn man zu Gunsten einer abgeschlossenen Schilderung mehr deskriptiver Art auf die Erfassung des inneren Zusammenhanges der Entwicklung verzichten will. Im allgemeinen erweisen sich die wirtschaftlichen Bedürfnisse als das verursachende und treibende Moment auch für die Ausbildung der rechtlichen Verhältnisse des Rittergutes« (S. 332). Mit den Worten »deskriptiv«, »innerer Zusammenhang der Entwicklung« und »wirtschaftliche Motive« ist im Zeitalter Karl Lamprechts schon sehr viel Misbrauch getrieben worden. Auch hier sind sie garnicht am Platze. Wie verhält es sich denn z. B. mit der Steuerfreiheit der Rittersitze? wie mit der großen Bedeutung der Ritterburgen? Warum haftet gerade an den Burgen die Landtagsfähigkeit? Handelt es sich hier überall um den Ausdruck »wirtschaftlicher Bedürfnisse«? Wir brauchen diese Fragen nur aufzuwerfen.

Die letzten Bemerkungen führen mich zu einer Behauptung Wittichs zurück. S. 402 hebt er hervor, daß »die gleichen sozialen und wirtschaftlichen Voraussetzungen auch eine gleichartige Staatstätigkeit bedingen«. Es ist in der Tat ganz unbestreitbar, daß die Verhältnisse in weitem Umfange der Staatstätigkeit die Direktion geben und daß diese auch bis zu einem gewissen Grade ihre Grenze in ihnen findet. Allein man muß doch auch hervorheben, daß der Staatstätigkeit noch ein beträchtlicher freier Spielraum gegenüber den gegebenen Verhältnissen bleibt. Wittich hat sich an anderer Stelle eingehender darüber ausgelassen (Histor. Ztschr. 79, S. 45 ff.). Nach dem, was er daselbst sagt, haben wir seine obige Behauptung zu interpretieren. Ich möchte aber doch noch mehr als er das Moment der Freiheit betonen. Zunächst nämlich ist es ja die Frage, ob über-

haupt der Staat auf einen in den Verhältnissen gegebenen Anreiz
reagiert, bez. mit genügender Kraft reagiert. Sodann ist aber auch
bei gleichen wirtschaftlichen und sozialen Voraussetzungen die Staatstätigkeit keineswegs immer dieselbe. Ich brauche nur an die verschiedene Entwicklung in Brandenburg und Hinterpommern einerseits, Schwedisch-Vorpommern und Mecklenburg andererseits zu erinnern — trotz des gleichen Ausgangspunktes der Entwicklung.
Auch Wittichs eigene Mitteilungen sind in dieser Hinsicht lehrreich.
Er erwähnt z. B. (S. 376), daß die Steuern der abhängigen Leute
anfangs durch die Grundherren, später durch die Gemeinden erhoben
wurden. Vgl. ferner S. 140 Anm. 2, 164, 165, 375. Diese Erscheinung läßt sich doch nur so deuten, daß — trotz gleicher Verhältnisse — Maß und Art der Staatstätigkeit nicht fest gegeben sind,
sondern durch Erwägung oder Kampf bestimmt werden.

Auf weitere Einzelheiten der Darstellung W.s einzugehen unter-
lasse ich, da ich dazu demnächst an anderem Orte Gelegenheit haben
werde. Ich will jedoch nicht versäumen, wenigstens kurz auf die
überaus lehrreichen Ausführungen über die Domänenverwaltung und
über die Landgemeindeverfassung hinzuweisen.

Marburg i. H., den 26. September 1898.   G. v. Below.